Heidelberger Taschenbücher Band 141

R. Alletsee · H. Jung · G. Umhauer

Assembler II

Ein Lernprogramm

Mit einem Geleitwort von
Prof. Dr.-Ing. E. h. Konrad Zuse

Mit über 250 Abbildungen
und Formularen und 83 Aufgaben

Vierte, neubearbeitete Auflage

Springer-Verlag
Berlin Heidelberg New York
London Paris Tokyo 1988

RAINER ALLETSEE
HORST JUNG
Siemens Aktiengesellschaft, Unternehmensbereich
Kommunikations- und Datentechnik, München
GERD F. UMHAUER
München

ISBN 978-3-540-18321-1   ISBN 978-3-642-51114-1 (eBook)
DOI 10.1007/978-3-642-51114-1

CIP-Kurztitelaufnahme der Deutschen Bibliothek.
Alletsee, Rainer: Assembler : e. Lernprogramm / R. Alletsee ; H. Jung ; G. Umhauer. Mit e.
Geleitw. von Konrad Zuse.
Berlin ; Heidelberg ; New York ; London ; Paris ; Tokyo : Springer.
1. u. 2. Aufl. verf. von Rainer Alletsee u. Gerd F. Umhauer. - Teilw. mit d. Erscheinungsorten:
Berlin, Heidelberg, New York 4 u. d. T.: Kramer, Hasso: Assembler.
NE: Jung, Horst:; Umhauer, Gerd F.: 2.-4., neubearb. Aufl. - 1988.
(Heidelberger Taschenbücher ; Bd. 141)

NE: GT

Dieses Werk ist urheberrechtlich geschützt. Die dadurch begründeten Rechte, insbesondere die
der Übersetzung, des Nachdrucks, des Vortrags, der Entnahme von Abbildungen und Tabellen,
der Funksendung, der Mikroverfilmung oder der Vervielfältigung auf anderen Wegen und der
Speicherung in Datenverarbeitungsanlagen, bleiben, auch bei nur auszugsweiser Verwertung,
vorbehalten. Eine Vervielfältigung dieses Werkes oder von Teilen dieses Werkes ist auch im
Einzelfall nur in den Grenzen der gesetzlichen Bestimmungen des Urheberrechtsgesetzes der
Bundesrepublik Deutschland vom 9. September 1965 in der Fassung vom 24. Juni 1985 zulässig.
Sie ist grundsätzlich vergütungspflichtig. Zuwiderhandlungen unterliegen den Strafbestimmungen
des Urheberrechtsgesetzes.

© Springer-Verlag Berlin, Heidelberg 1974, 1977, 1979, 1981 und 1988.

Die Wiedergabe von Gebrauchsnamen, Handelsnamen, Warenbezeichnungen usw. in diesem
Werk berechtigt auch ohne besondere Kennzeichnung nicht zu der Annahme, daß solche Namen
im Sinne der Warenzeichen- und Markenschutz-Gesetzgebung als frei zu betrachten wären und
daher von jedermann benutzt werden dürften.

Gesamtherstellung: Druckhaus Beltz, Hemsbach/Bergstr.
2362/3020-543210

Geleitwort

Als die Computer nach ihren ersten Pionierjahren etwa zwischen 1950 und 1960 in die Praxis Eingang fanden, ließ sich kaum voraussehen, welche Bedeutung einmal der organisatorische Teil einschließlich der Programmierung erlangen würde. Heute wissen wir, daß beim Computereinsatz die sogenannte »Software« mindestens so wichtig ist, wie die eigentliche »Hardware«. Auch dabei haben wir ein weites Feld, welches von strengen Theorien bis zu praxisbezogenen Arbeiten reicht.

Das vorliegende Buch dient nun voll und ganz dem praktischen Einsatz der Computer. Es gibt ein gutes Bild davon, welche ungeheure Kleinarbeit zu leisten ist, um die moderne elektronische Datenverarbeitung in Gang zu setzen und in Betrieb zu halten. Das zwingt zu einer neuen Geisteshaltung und zu einer strengen Disziplin in der Verwendung von Ideen und Mitteln. Jedes Zeichen, jede Aktion, jede Anweisung muß gut durchdacht sein, und es ist kein Platz für Schwärmerei mit unausgegorenen Ideen.

So könnte sich die Datenverarbeitung auch über ihr eigenes Arbeitsgebiet hinaus positiv auswirken und in einer in vieler Hinsicht verworrenen Zeit formend und bildend für die ganze Gesellschaft wirken, indem ihr Geist über eigentliche Fachkreise hinaus wirksam wird.

Hünfeld, im August 1973   Konrad Zuse

Vorwort zur vierten Auflage

Diese Auflage enthält im Wesentlichen drei Änderungen gegenüber der dritten Auflage.
1. Der Datenträger Lochkarte wird nur noch in Teil I verwendet. In Teil II und III wird der Plattenstapel als Datenträger verwendet.
2. Die Ein-/Ausgabe mit dem Datenverwaltungssystem wird nur angedeutet. Sie wird nun im Supplementband (Teil IV) ausführlich erläutert.
3. Als neue Form der Ein-/Ausgabe werden die Ablaufteilmakros – RDATA, WRLST und WROUT – in Teil II und III eingesetzt.

München, im Dezember 1987 Horst Jung

Vorwort zur ersten Auflage

Alle Bereiche aus Wirtschaft, Wissenschaft, Technik und Verwaltung bedienen sich in der Praxis in zunehmendem Maße der modernen elektronischen Datenverarbeitung.
Dabei erweist es sich in vielen Anwendungsfällen als besonders effektiv, wenn die technischen Möglichkeiten dieser Anlagen auch wirklich genutzt werden, d. h. in möglichst maschinennaher Sprache – speicherplatz- oder zeitoptimal – programmiert werden kann. Das aber setzt fachlich fundierte Sachkenntnis voraus.
Der Bedarf an qualifizierten Fachleuten wächst heute schon schneller, als er von den öffentlichen, den privaten oder den Schulen der Hersteller

von Datenverarbeitungsanlagen befriedigt werden kann. Es ist das Ziel des vorliegenden dreiteiligen Lernprogramms »Assembler«, hier eine Brücke zwischen Theorie und Praxis zu schlagen.

Das Buch ist – neben seinem Wert für den (Anfangs-)Programmierer – ebenfalls gedacht für die sekundär mit dem Assembler befaßten Berufe, wie Operateure, Wartungstechniker, Organisatoren, Systemberater und Vertriebsbeauftragte, zugleich jedoch auch – und dies erweist sich in den heutigen Bildungs- und Ausbildungskonzepten – für Informanden, Schüler, Studenten oder Lehrer weiterführender Schulen. Die Assemblersprache vermittelt dabei einen außergewöhnlich engen Kontakt zur praktischen Datenverarbeitung. Durch die Konzeption als Lernprogramm konnte die abstrakte Definition der Assemblersprache obendrein so aufbereitet werden, daß die Basis für das Verständnis auch eines der strengen algorithmischen Denkweise ungewohnten Lesers geschaffen wurde. Einerseits wurde das Assembler-Reglement zwar hinreichend exakt erhalten, andererseits aber wurden die formalen Regeln aus didaktischen Gründen so großzügig ausgelegt, daß sie dem sich einarbeitenden Leser stets verständlich bleiben.

Der Stoffumfang der drei Teile ist bei aller bewußten Beschränkung so gewählt, daß er etwa dem in den meist zweiwöchigen Grundlehrgängen vermittelten Wissen entspricht. Die behandelten Sprachelemente und -regeln sind, obwohl die Assemblersprache zu den anlagenabhängigen Sprachen zählt, auf der Basis der Siemens-Systeme 4004 und 7.700 sowie der IBM-Systeme 360/370 und des Univac-Systems 9000 weitestgehend identisch.

Das Lernziel von Teil II ist die selbständige Programmierung eines ablauffähigen Assemblerprogramms. Hierzu wird das Befehlsspektrum gegenüber Teil I beträchtlich erweitert und die erforderliche Kenntnis der Intern- und Ein-/Ausgabeverarbeitung erworben.

Der Anstoß zur Entwicklung des vorliegenden Lernprogramms »Assembler« kam aus dem Hause Siemens, insbesondere aus der dortigen Schule für Datenverarbeitung. Durch die wertvollen Anregungen und Hinweise zahlreicher Mitarbeiter und die vielen uns zur Verfügung gestellten Erfahrungen konnte das Gesamtvorhaben in relativ kurzer Zeit erstellt und zugleich zur letzten Ausprägung gebracht werden.

Dem Springer-Verlag gilt unser besonderer Dank für die druck- und satztechnische Beratung, das Eingehen und Entgegenkommen bei Aufmachung und Ausstattung sowie die freundliche Betreuung des Vorhabens in allen Phasen seiner Entstehung.

München, im Januar 1974   R. Alletsee
                                                                                G. Umhauer

Hinweise für Teil II

Lernziel

Nach Durcharbeiten von Teil II kann ein ablauffähiges Assemblerprogramm mit Intern- und Ein-/Ausgabeverarbeitung programmiert werden, wie es von Seite 80 an ersichtlich ist.

Voraussetzungen

Um diesen Teil II mit Erfolg zu bearbeiten, sollten die Grundkenntnisse der Assemblersprache vorhanden sein, wie sie in Teil I dieses Lernprogramms vermittelt werden.

Handhabung

Die in vorliegendem Buch angewandte Lernmethode umfaßt einen *Lernteil* (Kapitel 1 bis 4), einen *Lösungsteil* (Kapitel 5) und einen *Anhang* (Kapitel 6). Durch die Beantwortung der Fragen im Lernteil können Verständnis und Wissen überprüft werden. Die Lösungen der jeweiligen Aufgaben sind im Lösungsteil aufgeführt.

Der Anhang dient vornehmlich als Nachschlagewerk, in dem eine Zusammenfassung aller behandelten Befehle und Anweisungen enthalten ist, und sollte vor allem dann benutzt werden, wenn verschiedene Sachgehalte im Lernteil selbständig aufzusuchen sind.

Inhaltsverzeichnis

1. Relative Adressierung 1
   1.1. Bedeutung der relativen Adressierung 1
   1.2. Laden von Registern, BALR 5
   1.3. Die Assembleranweisung USING 7
   1.4. Sternadressen 12

2. Die Programmierung der Ein-/Ausgabe 14
   2.1. Die Ein-/Ausgabe von Daten 14
   2.2. Logische Systemdateien 17
   2.3. Ablaufteilmakros 18
       2.3.1. Lesen von SYSDTA, RDATA 19
       2.3.2. Übertragen nach SYSLST, WRLST 23

3. Einführung in die Befehlsliste 29
   3.1. Die Befehle MVC, MVI 29
   3.2. Die Konstantentypen X und B 32
   3.3. Vergleichsoperationen, CLC, CLI 33
   3.4. Sprungbefehle 35
       3.4.1. Pseudosprungbefehle 37
       3.4.2. Sprungbefehle für Unterprogrammroutinen, BAL, BCR . 37
   3.5. Dezimalarithmetische Befehle 42
       3.5.1. Der Befehl PACK 42
       3.5.2. Addition und Multiplikation, AP, MP 45
       3.5.3. Die P-Konstante 47
       3.5.4. Anwendungen 48
       3.5.5. Die Befehle UNPK und MVZ 53
       3.5.6. Division und Subtraktion, DP, SP 55

Übungen zu den Kapiteln 1 bis 3 58

4. Anwendungsfall am Beispiel eines Lohnabrechnungsprogramms 61
   4.1. Aufgabenstellung 61
   4.2. Programmaufbau, Struktogramm 63
   4.3. Codierung 65
   4.4. Assemblierung und Programmlauf 76
   4.5. PRINT, TITLE 84

Ausblick 85

5. Lösungen 87 A1

6.	Anhang	108	A22
6.1.	Die Assemblersprache	109	A23
6.2.	Befehle	111	A25
	6.2.1. Move Characters, MVC	112	A26
	6.2.2. Move Immediate, MVI	113	A27
	6.2.3. Move Zones, MVZ	114	A28
	6.2.4. Compare Logical Characters, CLC	115	A29
	6.2.5. Compare Logical Immediate, CLI	116	A30
	6.2.6. Pack, PACK	117	A31
	6.2.7. Unpack, UNPK	118	A32
	6.2.8. Add Decimal Packed, AP	119	A33
	6.2.9. Subtract Decimal Packed, SP	120	A34
	6.2.10. Multiply Decimal Packed, MP	121	A35
	6.2.11. Divide Decimal Packed, DP	122	A36
	6.2.12. Branch And Link, BAL	123	A37
	6.2.13. Branch And Link Register, BALR	124	A38
	6.2.14. Branch on Condition, BC	125	A39
	6.2.15. Pseudosprungbefehle	126	A40
	6.2.16. Branch on Condition Register, BCR	127	A41
6.3.	Assembleranweisungen	128	A42
	6.3.1. Programmanfang, START	128	A42
	6.3.2. Programmidentifikation, TITLE	129	A43
	6.3.3. Steuerung der Protokollierung, PRINT	129	A43
	6.3.4. Die USING-Anweisung	130	A44
	6.3.5. Define Storage, DS	131	A45
	6.3.6. Define Constant, DC	133	A47
	6.3.7. Die END-Anweisung	135	A49
	6.3.8. Die EQU-Anweisung	136	A50
6.4.	Makroaufrufe	137	A51
	6.4.1. Lesen eines Satzes, GET	137	A51
	6.4.2. Ausgeben eines Satzes, PUT	138	A52
	6.4.3. Programmende, TERM	138	A52
	6.4.4. Lesen von SYSDTA, RDATA	139	A53
	6.4.5. Übertragen nach SYSLST, WRLST	140	A54
	6.4.6. Übertragen nach SYSOUT, WROUT	140	A54
6.5.	Druckervorschubzeichen	141	A55
6.6.	EBCDI-Code-Tabelle	142	A56
6.7.	Rechnerinterne Datendarstellung	144	A58
6.8.	Umwandlungstabelle Sedezimal-Dezimal	145	A59
6.9.	Verzeichnis einiger logischer Systemdateien im BS 2000	146	A60
6.10.	Symbole für Programmablaufpläne nach DIN 66001 – Symbole für Struktogramme	147	A61
Sachverzeichnis		149	

Inhaltsübersicht Teil I

1. Grundlagentest, einführende Überlegungen und MVC-Befehl
2. Konstanten- und Speicherbereichsdefinitionen, Assembleranweisungen, Befehlsformat, Adreßpegel und Adreßbuch
3. Stufen zum Programmlauf
4. Ein-/Ausgabe mit den Makroaufrufen GET und PUT
5. Vergleichs- und Sprungbefehle
6. Assemblerprotokoll und Test
7. Das wohlstrukturierte Assemblerprogramm
8. Lösungen und Erläuterungen zu den zahlreichen Fragen, Aufgaben und Programmübungen
9. Anhang in Form einer knappen Zusammenfassung aller behandelten Befehle und Anweisungen, jeweils mit Beispielen

Inhaltsübersicht Teil III

1. Festpunktarithmetik mit Registerbefehlen
2. Festpunktarithmetik mit RX-Befehlen, sowie die Programmierung einer Tabellenverarbeitung als Anwendung der Indexadressierung
3. Adressenrechnung
4. Druckaufbereitung mit dem EDIT-Befehl an einer Vielzahl von möglichen Aufgabenstellungen
5. Code-Umsetzung mit dem Translate-Befehl
6. Spezielle Übungen und Programme zum gesamten Stoffumfang aller drei Teile
7. Lösungen und Erläuterungen der Fragen, Aufgaben und Programme
8. Anhang mit Zusammenstellung aller behandelten Befehle und Anweisungen

Inhaltsübersicht Teil IV

1. Runden und Erweitern von Rechenergebnissen
2. Druckaufbereitung
3. Ein- und Ausgabe von Daten
4. Unterprogrammtechnik
5. Verschiebebefehle
6. Tabellenverarbeitung
7. Logische Verknüpfungen
8. Umsetzen und Testen von Datenfeldern
9. Modifiziertes Ausführen von Befehlen – der EX-Befehl
10. Fehlersuche im Programm mit Hilfe eines Hauptspeicherabzuges
11. Codier-Praktikum
12. Anhang (mit allen behandelten Befehlen und Anweisungen)

1. Relative Adressierung

In Teil I dieses Lernprogramms sind die Grundlagen der Adressenbildung behandelt und dabei zwei Adressierungsformen dargelegt worden:
- die Anwendung von *impliziten, symbolischen Adreßangaben,* denen erst beim Übersetzungslauf Speicheradressen zugeordnet werden, wie MVC |AUSB, EINB;
- die Anwendung von *expliziten Adreßangaben,* die direkt den betreffenden Speicherplatz definieren, wie MVC |0100, 0800.

Diese zweite Möglichkeit entspricht nicht ganz der tatsächlichen expliziten Adressierung und hätte, so wie sie in Teil I angewendet wurde, zwei wesentliche Nachteile: In den Programmen könnte nur eine begrenzte Arbeitsspeichergröße erfaßt werden, und die Programme wären im Arbeitsspeicher nicht verschiebbar. Beide Probleme sollen im folgenden behandelt werden.

1.1. Bedeutung der relativen Adressierung

Speicheradressen belegen in Maschinenbefehlen bekanntlich 2 Bytes, z. B. 0100.

Beispiel eines Befehlsformats:

Op	L	Empfangs-adresse	Sende-adresse
1 Byte	1 Byte	2 Bytes	2 Bytes

Für die Sende- wie für die Empfangsadresse stehen in einem Befehl je 2 Bytes zur Verfügung. Da alle Angaben in Maschinenbefehlen sedezimal verschlüsselt sind, könnte man demnach über die Adressen 0000 bis FFFF verfügen. Das entspräche einem Arbeitsspeicherausbau von ca. 65 000 Bytes[1].
Um also mehr als 65000 Bytes adressieren zu können, müßten wir die

---

[1] Vor einigen Jahren hätte diese Speicherkapazität noch genügt. Heute benötigen jedoch bereits die Betriebssysteme größerer Dv-Anlagen ein Vielfaches dieser Größenordnung.

Adreßangaben in den Befehlen vergrößern. Dies würde jedoch eine neue Rechnerkonzeption bedingen. Um das zu umgehen, wurden in den Befehlen die Adreßangaben in zwei Teile aufgespalten: in die *Basisadresse und die Distanzadresse.* Die Verknüpfung beider Teiladressen ergibt die tatsächliche Speicheradresse.

Das Prinzip des Adressenaufspaltens ist mit dem des Telefonierens vergleichbar: Um einen Teilnehmer mit der Telefonnummer 324 zu erreichen, muß als Vorwahl die Ortskennzahl gewählt werden, da die Rufnummer 324 in mehreren Orten vergeben ist.

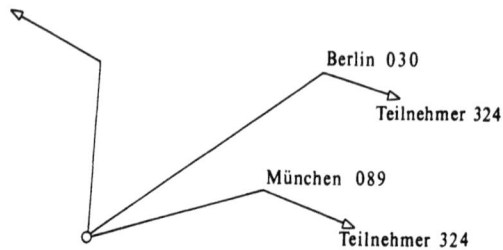

Der Teilnehmer in München wird also dann erreicht, wenn zuerst die Vorwahl *(Basis)* 089 und anschließend die Rufnummer *(Distanz)* 324 gewählt wird. Dieses Prinzip der Nummernteilung wird auch bei der Adressierung des Arbeitsspeichers mittels Befehlen angewandt. Dabei ermittelt sich die tatsächliche Speicheradresse aus der Basis- und der Distanzadresse.

Die Distanzadresse (Distanz) wird direkt im Befehl angegeben; die Basisadresse (Basis) steht in einem der *Mehrzweckregister,* die hierfür dem Programmierer zur Verfügung stehen[2]. Die *Nummer* des verwendeten Mehrzweckregisters wird dabei im Befehl angegeben.

Op	L	Distanz	Distanz
1 Byte	1 Byte	2 Bytes	2 Bytes

Nummern von Mehrzweckregistern; die Register selbst enthalten die Basisadressen.

Die Speicheradresse des Empfangsfeldes in vorstehendem Bild ergibt sich dann aus: *Inhalt des Mehrzweckregisters ($\triangleq$ Basisadresse) + Distanz-*

---

[2] Es handelt sich um die Register 0 bis 15; ein Register umfaßt 4 Bytes. Dem Programmierer steht jedoch, abhängig vom eingesetzten Betriebssystem, nur eine Teilmenge der Register zur freien Verfügung; es handelt sich dabei meist um die Register 3 bis 12.

adresse = Speicheradresse. Die Errechnung der Speicheradresse erfolgt automatisch vom Steuerwerk der Zentraleinheit.

> **1.1.** Was muß also in einem Befehl neben einer Distanzadresse noch angegeben werden, damit der Rechner die absolute Speicheradresse bilden kann?
>
> Antwort: ....
>
> Seite A1

Das Befehlsformat z. B. des MVC-Befehls stellt sich damit wie folgt dar:

Op	L	B	Distanz	B	Distanz
1 Byte	1 Byte	↑	2 Bytes	↑	2 Bytes

B steht für die Nummer des Basisadreßregisters.

Die in einem Befehl für eine Adreßangabe zur Verfügung stehenden 2 Bytes werden folgendermaßen aufgeteilt:

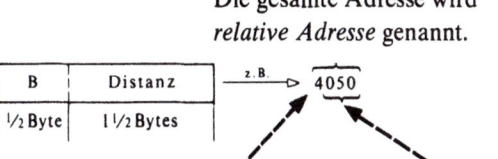

Die gesamte Adresse wird *relative Adresse* genannt.

> **1.2.** Kann man von einer relativen Adresse in einem Befehl bereits auf die Speicheradresse schließen?
>
> Antwort: ....
>
> Seite A1

In dem folgenden Beispiel soll die Adresse des Empfangsfeldes berechnet werden.

Die Distanzadresse beträgt	050
Die in Register 4 stehende Basisadresse ist	2000
Als absolute Speicheradresse des Empangsfeldes ergibt sich damit	2050

> 1.3. Wie lautet für den vorstehenden MVC-Befehl die absolute Adresse des Sendefeldes, wenn in Register 3 die Basisadresse 5500 gespeichert ist?
>
> Antwort: ....
>
> Seite A1

Die Zerlegung von absoluten Adressen in die Komponenten Basis und Distanz weist die folgenden beiden Vorteile auf: freie Verschiebbarkeit von Programmen im Arbeitsspeicher (Relativierung) und befehlsmäßige Adressierung beliebiger Arbeitsspeichergrößen.

Zwar beträgt die Länge der Distanzadresse in einem Befehl nur 3 Halbbytes, so daß dadurch der maximal adressierbare Speicherbereich auf $FFF_{(16)} = 4095_{(10)}$ Bytes beschränkt ist. Dafür kann aber die Basisadresse in einem Register (4 Bytes) nahezu unbeschränkt groß gemacht werden. Da sich die absoluten Speicheradressen aus der Summe von Basis und Distanz bestimmen, werden somit Arbeitsspeicher jeder heute absehbaren Größenordnung adressierbar. In den folgenden Überlegungen gehen wir nun von der vereinfachenden Annahme aus, daß die Basisadresse gleich dem Abstand des Programmraumes vom Speicheranfang sei und zur Adressierung ein einziges Basisadreßregister verwendet werde. Das folgende Bild soll diesen Zusammenhang verdeutlichen.

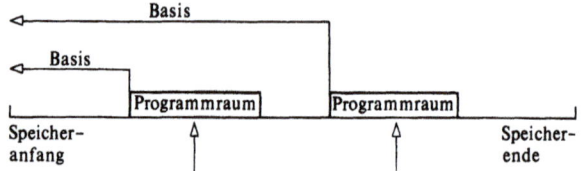

Verschiebbarkeit eines Programms durch Ändern der Basisadresse.

Wie verhält es sich aber mit den Distanzen? Beim Übersetzen eines Programms werden die Distanzadressen *innerhalb* des *Programms* vom Assembler-Übersetzer festgelegt. Für die Größe des Programmraumes und die Distanzen ist es nicht von Belang, in welchem Arbeitsspeicherbereich ein Programm ablaufen wird; sie bleiben stets gleich. Es ändern sich lediglich der Abstand des Programms zum Speicheranfang und damit die absoluten Speicheradressen.

> 1.4. Was muß getan werden, damit ein Programm im Arbeitsspeicher an verschiedenen Stellen ablaufen kann?
>
> a) Nichts   Seite A1
> b) Die Distanzadressen müssen geändert werden.   Seite A2
> c) Die Basisadresse ist zu ändern.   Seite A3
> d) Das Register, das die Basisadresse enthält, muß
>   umgeladen werden.   Seite A3

1.2. Laden von Registern, BALR

Es stellt sich nun die Frage, wie beim Verschieben eines Programms im Speicher die Basisadresse entsprechend geändert werden kann. Angenommen, ein Assembler-Quellprogramm sei assembliert und gebunden. Es soll nun vom *Betriebssystem* als Speicheradresse 2000 geladen werden und ablaufen. Das nachfolgende Bild soll diesen Sachverhalt veranschaulichen.

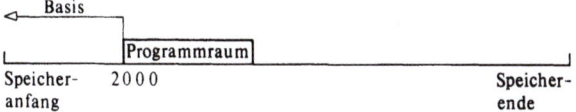

Das im Programm verwendete Mehrzweckregister muß in diesem Fall mit der Basisadresse 2000 geladen werden. In einem anderen Fall soll das *gleiche* Programm ab Speicherstelle 8000 ablaufen, da der Bereich ab 2000 bereits belegt sei (z. B. von einem anderen Programm[3]).

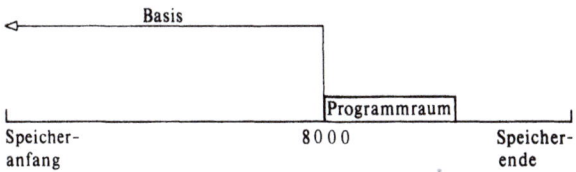

---

3 Kennzeichnende Eigenschaft des Multiprogramming.

> 1.5. Nun soll zunächst überlegt werden, wodurch das verwendete Basisadreßregister beim Programmablauf mit der notwendigen Basisadresse geladen wird?
>
> a) Durch das Betriebssystem   Seite A1
> b) Automatisch durch das Steuerwerk der Zentraleinheit   Seite A1
> c) Durch einen Befehl im Programm   Seite A2

Der Registerinhalt (Basisadresse) des Mehrzweckregisters, das als Basisadreßregister verwendet werden soll, muß also *per Programm* bestimmt werden.

> 1.6. Welcher Befehl eines Programms muß ein Mehrzweckregister mit der notwendigen Basisadresse laden?
>
> a) Der erste Befehl   Seite A1
> b) Der letzte Befehl   Seite A2
> c) Das ist beliebig.   Seite A3

Der Befehl zum Laden des Basisadreßregisters heißt BALR (Branch And Link Register, Springen und Laden Folgeadresse in ein Register). Dieser Befehl gehört dem Befehlstyp RR (Register-Register) an und hat folgendes Format:

Befehlsformat des RR-Befehls:

Op	R1	R2
1 Byte	1 Byte	

Neben dem Op-Code ist dieser Befehlstyp durch die Angabe zweier Registernummern gekennzeichnet. BALR enthält demnach *keine Speicheradresse*. Dies ist notwendig, weil jede Adresse sofort von der Zentraleinheit als relative Adreßangabe interpretiert werden würde.

Durch BALR wird die *Folgeadresse* – das ist die Adresse des unmittelbar nachfolgenden Befehls – in das durch R1 angegebene Register geladen und zu der im Register R2 angegebenen Adresse verzweigt.

Beispiel:

Folgeadresse unmittelbar nach BALR → | BALR | 3,5 |
| MVC | |

Register 3 wird hier mit der Adresse des *nachfolgenden* MVC-Befehls geladen; danach wird das Programm bei der in Register 5 stehenden Adresse fortgesetzt.

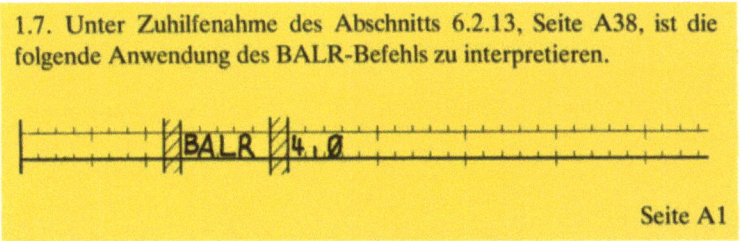

1.7. Unter Zuhilfenahme des Abschnitts 6.2.13, Seite A38, ist die folgende Anwendung des BALR-Befehls zu interpretieren.

Seite A1

1.3. Die Assembleranweisung USING

In dem nachfolgenden Assemblerprogramm wird mit dem ersten Befehl (BALR) das Register 7 mit der Folgeadresse (Basis) geladen. Als zweites Register ist 0 angegeben, um eine Verzweigung zu verhindern.

Name	Operation	Operanden und Bemerkungen
	START	0
BEG	BALR	7,0
	MVC	FELD,EIN
A1	MVC	K1,K2
	GET	KARTE
EIN	DC	CL5'12345'
FELD	DS	CL2
	END	BEG

Am Beispiel des Übersetzungsvorgangs für das vorstehende Programm wird im folgenden untersucht, welche Angaben zur Relativierung von Programmen weiterhin erforderlich sind. Wie in Teil I gezeigt, werden beim Übersetzungsvorgang drei Stufen unterschieden:
1. Die Auflösung der Makros (vgl. GET)

2. Die Erstellung des Adreßbuches

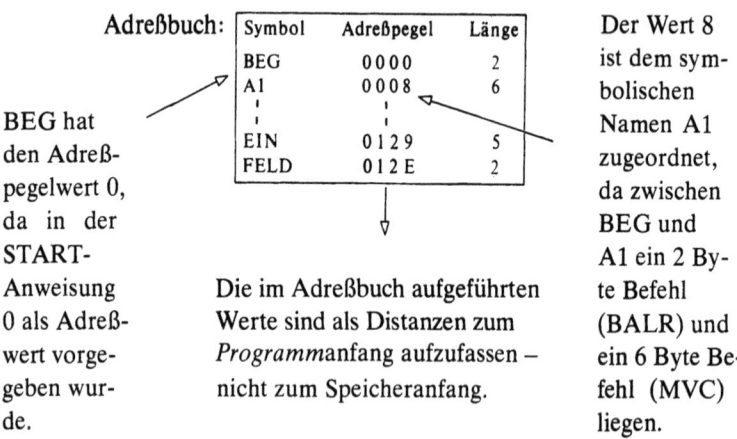

BEG hat den Adreßpegelwert 0, da in der START-Anweisung 0 als Adreßwert vorgegeben wurde.

Die im Adreßbuch aufgeführten Werte sind als Distanzen zum *Programm*anfang aufzufassen – nicht zum Speicheranfang.

Der Wert 8 ist dem symbolischen Namen A1 zugeordnet, da zwischen BEG und A1 ein 2 Byte Befehl (BALR) und ein 6 Byte Befehl (MVC) liegen.

3. Schließlich wird das Quellprogramm aus der Assemblersprache in den Maschinencode (Maschinensprache) umgesetzt; das heißt, die Maschinenoperationsteile werden generiert, die Längenangaben reduziert und mit Hilfe der Adreßpegelwerte aus dem Adreßbuch werden *relative Speicheradressen* gebildet.

Prinzip der Umsetzung in die Maschinensprache:

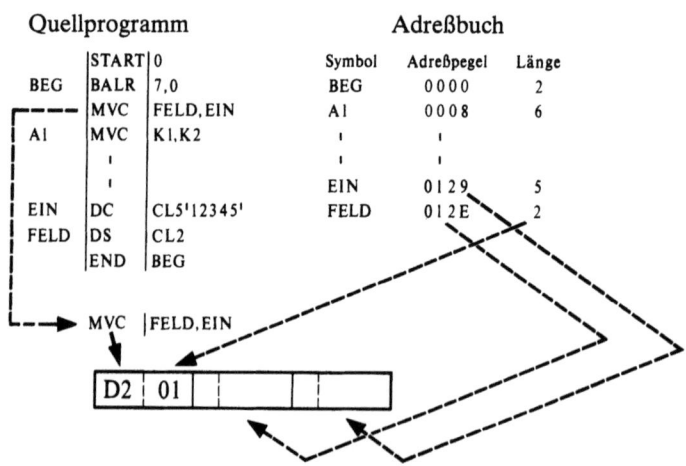

Die Adreßpegelwerte von FELD und EIN werden zur Bildung der relativen Adressen, die sich aus Basisadreßregisternummern und Distanzadressen zusammensetzen, herangezogen.

> 1.8. Zur Bildung der relativen Adressen benötigt der Assembler aber noch zwei wesentliche Angaben. Um welche handelt es sich?
>
> Antwort: ....
>
> Seite A2

Beide in der dritten Übersetzungsstufe zur Adreßbildung notwendigen Angaben können in der sogenannten USING-Anweisung erfolgen.
Mit USING wird also zweierlei angegeben:
Das Register, welches im Programm als Basisadreßregister verwendet werden soll, und
der Basisadreßwert, den der Assembler zur Bildung der Distanzadressen für die Maschinenbefehle benötigt.

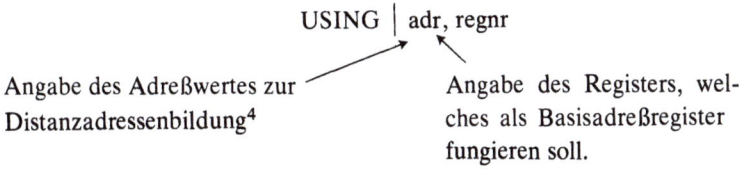

Angabe des Adreßwertes zur Distanzadressenbildung[4]

Angabe des Registers, welches als Basisadreßregister fungieren soll.

In der Regel wird die USING-Anweisung nach dem Befehl BALR geschrieben.

Name	Operation	Operanden und Bemerkungen
	START	0
BEG	BALR	7,0
	USING	2,7
	MVC	FELD,EIN
A1	MVC	

Durch BALR wird in diesem Beispiel das Register 7 mit der Adresse des ersten MVC-Befehls geladen. Diese Folgeadresse hat den Wert 2, da durch START der Adreßpegel auf den Anfangsstand 0 gesetzt ist und

---

[4] Die bei einem Programmlauf im Basisadreßregister stehende Basisadresse setzt sich aus dem in der USING-Anweisung angegebenen Adreßwert *und* dem Ladewert des Programms (Abstand des Programmraumes vom Speicheranfang) zusammen (vgl. die nachfolgenden Ausführungen).

BALR 2 Bytes lang ist. USING belegt als Anweisung keinen Speicherplatz. Sie gibt dem Übersetzer das Register, hier 7, an, das als Basisadreßregister verwendet werden soll und definiert den Basisadreßwert 2. Dieser Adreßwert ist sozusagen der *neue* Bezugspunkt, der, wie im folgenden gezeigt, bei der Distanzadressenbildung berücksichtigt werden muß[5].
Nachfolgendes Bild soll die in der dritten Übersetzungsstufe ablaufende Adreßbildung verdeutlichen.

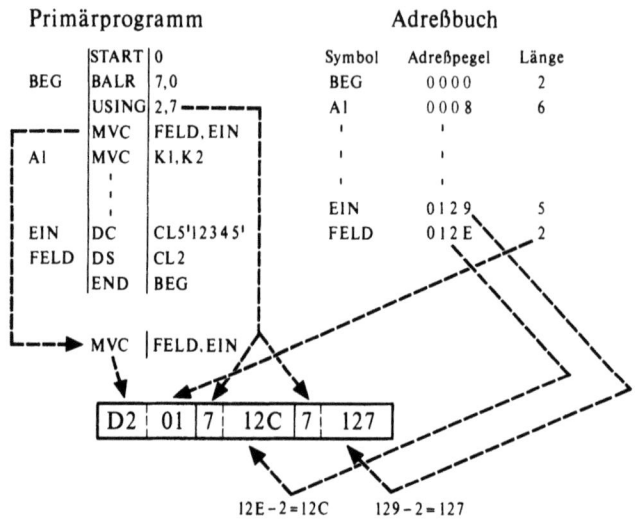

Wie geht nun der Assembler-Übersetzer bei der Bildung der relativen Adressen prinzipiell vor? Zunächst wird die Nummer (7) des durch USING angegebenen Basisadreßregisters in den betreffenden Maschinenbefehl eingesetzt. Zur Bildung der Distanzen subtrahiert der Assembler von den zum Programmanfang absoluten Werten aus dem Adreßbuch jeweils den durch USING definierten Basisadreßwert 2 und setzt die so ermittelten Werte neben der Nummer des Basisadreßregisters ein. Die Subtraktion des Basisadreßwertes ist notwendig, da bekanntlich das Steuerwerk der Zentraleinheit beim Ablauf eines Programms die absoluten Adressen aus den Summen von Basis- und Distanzadressen bildet. Doch welche Verhältnisse liegen beim Programmablauf vor?

---

5 Im Teil III wird auf die Verwendung mehrerer Basisadreßregister und damit eine modifizierte USING-Anweisung näher eingegangen.

Ein Programm kann natürlich nicht an die Speicherstelle 0 geladen werden, wie es in der START-Anweisung vorgesehen ist, denn ab Adresse 0 läuft normalerweise das Betriebssystem. Der Speicherbereich, in den ein Programm (Phase) vom Betriebssystem zum Ablauf geladen wird, ist nicht bekannt. *Dies ist auch nicht von Belang, da die Verschiebbarkeit von Programmen durch den BALR-Befehl gewährleistet ist.*

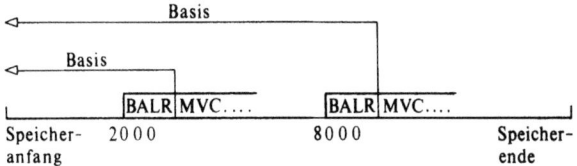

Wie das vorstehende Bild zeigt, ergibt sich in einem Fall eine Basisadresse von 2002, im anderen von 8002, die in das betreffende Register (7) geladen werden. Die Distanzen innerhalb des Programmraumes bleiben gleich. Ob der folgende MVC-Befehl beispielsweise 2 Bytes von 2129 (2002 + 127) nach 212E (2002 + 12C), oder von 8129 nach 812E überträgt (Angaben sind sedezimal), hat auf den Programmablauf *keinen* Einfluß.

| D2 | 01 | 7 | 12C | 7 | 127 |

Betrachten wir noch den Unterschied zwischen dem Basisadreßwert beim Programmablauf und dem beim Übersetzen. In der USING-Anweisung wird, wie wir gesehen haben, ein Basisadreßwert absolut zum *Programmanfang* angegeben.

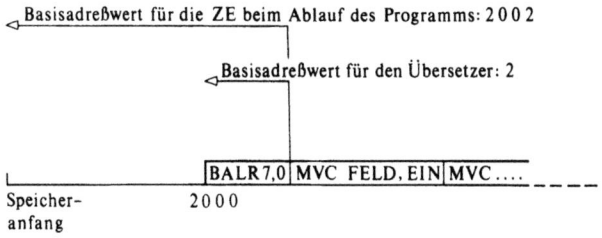

Der tatsächliche Basisadreßwert – in obigem Bild 2 + 2000 – wird durch den Befehl BALR in das Basisadreßregister 7 geladen.

1.4. Sternadressen

Statt der Angabe 2 (Folgeadresse) kann in einer USING-Anweisung als Adreßwert auch das Zeichen * angegeben werden. In der Assemblersprache gilt nämlich, daß ein *Stern* im Operandenfeld einer Anweisung den Adreßpegel der Zeile darstellt, in der er geschrieben steht.

Name	Operation	Operanden und Bemerkungen
BEG	START	0
	BALR	7,0
	USING	*,7
	MVC	FELD,EIN
A1	MVC	

Der Zeile mit der USING-Anweisung ist derselbe Adreßpegel zugeordnet wie dem darauffolgenden MVC-Befehl, da die USING-Anweisung keinen Speicherplatz belegt, also 2.

Mit der Kombination BALR/USING können nun relative Programme codiert werden. Dazu noch zwei Hinweise: Wenn in einer USING-Anweisung als Basisadreßregister das Register 0 verwendet wird, so ist das betreffende Programm *nicht* relativierbar, denn Register 0 wird vom Steuerwerk einer Zentraleinheit bei der Adreßbildung nicht als Basisadreßregister berücksichtigt[6].

In der Regel wird die START-Anweisung ohne Operand angegeben, d. h. der Adreßpegel erhält den Wert Null (0).

---

6 Es heißt dann auch, das Programm ist absolut geschrieben. Ein derartiges Programm ist unter Steuerung eines Betriebssystems nicht ablauffähig, denn der bei 0 beginnende Bereich, der durch die Distanzadressen in den Befehlen adressierbar wäre, wird vom Betriebssystem selbst belegt.

1.9. Unter diesen Aspekten soll ein Programmanfang codiert werden. Das Programm heiße UEBUNG. Das Mehrzweckregister 4 soll als Basisadreßregister verwendet werden.

Name	Operation	Operanden und Bemerkungen
1	10	15 20 25 30 35

Seite A2

2. Die Programmierung der Ein-/Ausgabe

2.1. Die Ein-/Ausgabe von Daten

Ein in der Assemblersprache codiertes Primärprogramm kann Assembleranweisungen (Assemblerinstruktionen), Befehle (Maschineninstruktionen), Makroaufrufe und eventuell Kommentare enthalten.
Um Daten mit einem Rechner verarbeiten zu können, müssen diese zuerst über periphere Geräte in die Zentraleinheit eingegeben werden. Nach der Verarbeitung werden Ergebnisdaten wieder auf periphere Geräte ausgegeben.

> 2.1. Mit welcher der oben aufgeführten Sprachkomponenten wird es möglich sein, die Ein-/Ausgabe von Daten zu programmieren?
>
> Antwort: ....
>
> Seite A3

Hier sei noch einmal kurz zusammengefaßt, was bis jetzt über die genannten vier Assemblerbestandteile bekannt ist.
Assembleranweisungen dienen dem Übersetzer zur Steuerung des Übersetzungsvorgangs (START, END, ...). *Kommentare* werden nicht übersetzt, sondern nur im Übersetzungsprotokoll protokolliert. *Befehle* (Maschineninstruktionen) ermöglichen die sogenannte interne Verarbeitung, wie addieren, multiplizieren, übertragen usw.
Die zumeist recht aufwendige Ein-/Ausgabe von Daten – zu der im übrigen auch die ausführliche Gerätefehlerbehandlung gehört – wird vom Betriebssystem übernommen. Natürlich sind auch zur Realisierung von Ein-/Ausgabe-Operationen Maschineninstruktionen notwendig. Diese *Befehle* sind jedoch *privilegiert*, d.h. sie laufen *nur* in einem Betriebssystem ab, nicht jedoch in Anwenderprogrammen.
Um Ein-/Ausgabe-Vorgänge zu programmieren, können bekanntlich Makroaufrufe verwendet werden, die bei einem Programmablauf die Verbindung eines Programms zum Betriebssystem herstellen, welches die Ein-/Ausgabe realisiert.

> 2.2. Zwei Makroaufrufe sind bereits bekannt. Welche mnemotechnische Verschlüsselung verwendet man zur Ein-/Ausgabe von Daten?
>
> Eingabe von Daten: ....
>
> Ausgabe von Daten: ....
>
> Seite A3

Die bisher zur Ein-/Ausgabe eingesetzten Makroaufrufe GET und PUT gehören nicht zur Programmiersprache Assembler sondern sind, wie in Teil I bereits ausgeführt, Bestandteile des DVS (Datenverwaltungssystem). Dieses wiederum ist Bestandteil des Betriebssystems.

In einem modernen Betriebssystem hat, vereinfacht dargestellt, ein DVS folgende Aufgaben:

- Dateiverwaltung (Speichern, Wiederauffinden und Löschen von Dateien auf externen Datenträgern mit und ohne Schutzmerkmale).
- Geräteverwaltung (Verwaltung von Geräten und Datenträgern)
- Datenverwaltung (Zuordnung von Dateien zu Programmen, Zugriff zu Dateien mit unterschiedlichen Zugriffsmethoden, Schutz der Dateien vor unbefugtem Zugriff).

Für den Zugriff zu Dateien die vom DVS verwaltet werden, sind eigens DVS-Makros entwickelt worden wie z. B. GET und PUT. Das DVS verwaltet allerdings nur Dateien auf den externen Datenträgern Magnetband und Magnetplatte. Die in Teil I dargestellte Form der Eingabe von Lochkartenleser mit GET und Ausgabe zum Schnelldrucker mit PUT ist in der gezeigten Form nicht möglich.

Neben der Bearbeitung von Dateien auf Band/Platte sind in dialogorientierten Betriebssystemen folgende Ein- und Ausgaben notwendig:

- Lesen von einer Datensichtstation (DSS)
- Ausgeben auf einer Datensichtstation
- Ausgeben auf einem Drucker im Rechenzentrum.

Da auf diesen Geräten Daten nicht permanent verwaltet werden, sondern nur ein- bzw. ausgegeben werden, ist eine Datenverwaltung im Sinne des DVS nicht notwendig. Für diese Form der Ein-/Ausgabe sind einfache und schnelle Ein-/Ausgabemakros notwendig.

Die folgende Darstellung zeigt in vereinfachter Form die Ein- und Ausgabemöglichkeiten in dialogorientierten Betriebssystemen:

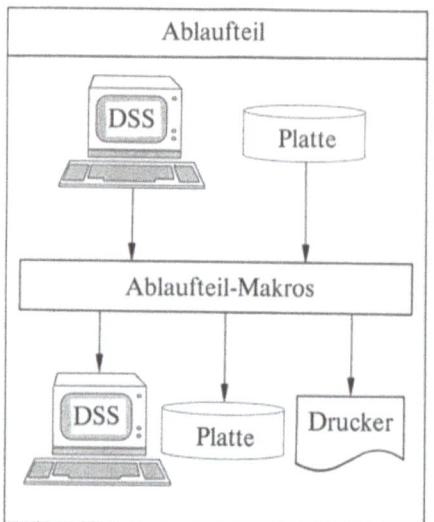
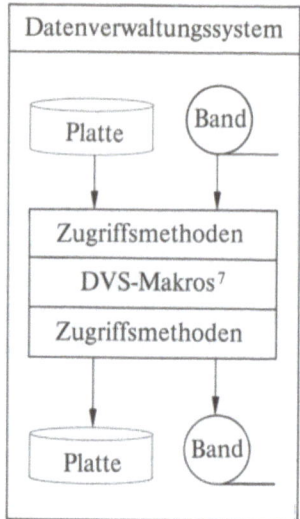

Für die Ein-/Ausgabe von Daten auf Geräten, die nicht vom DVS verwaltet werden, stellt der Ablaufteil des Betriebssystems entsprechende Makroaufrufe zur Verfügung. Die Programmierung von Ablaufteilmakros zur Ein-/Ausgabe wird anhand des Siemens Betriebssystems BS 2000 erläutert und in allen folgenden Programmen angewandt. Sie gilt in gleicher oder sehr ähnlicher Form auch für andere Hersteller.

> 2.3 Auf welche Geräte können mit Makroaufrufen des Ablaufteils zugegriffen werden?
>
> a) Bei der Eingabe von Daten ....
> b) Bei der Ausgabe von Daten ....
>
> Seite A3

---

[7] Die Ein-/Ausgabe mit DVS-Makros wird in Teil IV dieses Lernprogramms erläutert.

2.2. Logische Systemdateien

Logische Systemdateien sind vom Betriebssystem vorgegebene Eingabequellen oder Ausgabeziele. Sie werden vom Betriebssystem selbst verwendet, um Ein-/Ausgaben durchzuführen. Darüber hinaus sind sie dem Benutzer über Ablaufteilmakros zugänglich. Die logischen Systemdateien sind standardmäßig bestimmten Geräten zugeordnet.

Standardzuordnung im Dialogbetrieb für drei wichtige Systemdateien:

Logische Systemdatei	Standardzuordnung, Funktion
SYSDTA	Datensichtstation, zur Eingabe von Daten
SYSLST	Drucker, zur Ausgabe von Daten
SYSOUT	Datensichtstation, zur Ausgabe von Meldungen

Diese Standardzuordnung kann der Benutzer teilweise, je nach Bedarf ändern.

Log. Systemdatei	Standardzuordnung	mögl. Zuordnung
SYSDTA	Datensichtstation	Platten-/Banddatei, Lochkartenleser
SYSLST	Drucker	Platten-/Banddatei
SYSOUT	Datensichtstation	nicht möglich

> **2.4. Wozu werden die logischen Systemdateien benötigt?**
>
> SYSDTA ....
> SYSLST ....
> SYSOUT ....
>
> Seite A3

Ob der Benutzer die Standardzuweisungen des Betriebssystems nutzt, oder eigene Zuordnungen vornimmt, liegt in seinem Ermessen. Dies hängt hauptsächlich vom jeweiligen Anwendungsfall ab. Entscheidend ist aber, daß der Benutzer dies von Fall zu Fall unterschiedlich tun kann. Stehen in einem Programm Makroaufrufe, die auf logische Systemdateien zugreifen, so muß er nur *vor der Programmausführung* das Gerät, auf dem die Daten zu bearbeiten sind, der entsprechenden Systemdatei zuordnen.

Beispiel:
In einem Programm ist ein Makroaufruf, der Sätze von SYSDTA liest. Im anschließenden Programmlauf soll dieser Makroaufruf aber nun Daten von einer Plattendatei mit dem Namen EINDAT lesen. Da SYSDTA standardmäßig der Datensichtstation zugeordnet ist, muß vor der Programmausführung die logische Systemdatei SYSDTA der Plattendatei EINDAT zugeordnet werden. Im Siemens Betriebssystem BS2000 geschieht dies mit dem Systemkommando /SYSFILE. Mit dem Kommando

/SYSFILE SYSDTA=EINDAT

wird SYSDTA der Datei EINDAT zugeordnet. Bei anschließendem Start dieses Programms liest nun der Makroaufruf aus der Datei EINDAT. Bei weiteren Programmläufen kann diese Zuordnung beliebig geändert werden, so daß der Makroaufruf von Programmlauf zu Programmlauf unterschiedliche Dateien lesen kann.

2.3. Ablaufteilmakros

Mit Hilfe der Afblaufteilmakros ist die Programmierung der Ein- und Ausgabe von Daten einfach und sehr komfortabel.

Merkmale von Ablaufteilmakros:

- Im Makro müssen nur die symbolische Adresse des die Daten enthaltenden Feldes und eine Adresse für eine Fehlerbehandlung angegeben werden.

- Bei der sequentiellen Bearbeitung einer Plattendatei wird automatisch Satz für Satz bearbeitet.
- Eingabemakros erkennen selbständig das Ende einer Datei. Ein Dateiendekennzeichen ist nicht erforderlich.
- Alle Ablaufteilmakros greifen nicht auf Geräte zu, sondern auf sogenannte logische Systemdateien.

2.3.1. Lesen von SYSDTA, RDATA

Mit dem Makroaufruf RDATA wird der nächste logische Satz von der Systemdatei SYSDTA gelesen.

Form von RDATA:

Name	Operation	Operanden
[Symb.] [Name]	RDATA	Einb,Fehler [,Länge][8]

Einb gibt die symbolische Adresse des Eingabebereiches an, in den der Makroaufruf die gelesenen Daten überträgt.

Fehler gibt eine symbolische Adresse an, zu der verzweigt wird, wenn eine besondere Bedingung oder ein Fehler bei der Ausführung des Makros auftritt. Dies kann sein:
  - Dateiende (letzter Satz in der Datei ist bereits gelesen).
  - Abschneiden eines zu langen Satzes (der zu lesende Satz ist größer als im Makroaufruf im Längenoperand angegeben ist).

Länge gibt die maximale Länge des zu lesenden Satzes an. Fehlt dieser Operand, so gilt die implizite Länge des Eingabebereiches.

Der Satz wird immer linksbündig in den Eingabebereich übertragen. Ist der gelesene Satz kürzer als der Eingabebereich, so bleibt der Rest des Eingabebereichs unverändert.

---

[8] Eckiger Klammerausdruck bedeutet, daß die Angabe wahlfrei ist, d.h. sie kann, muß aber nicht, angegeben werden.

Der Makroaufruf RDATA liest Dateien mit Sätzen fester Länge (alle Sätze sind gleich lang) und Dateien mit Sätzen variabler Länge (die Sätze sind unterschiedlich lang).

RDATA liefert allerdings *immer* Sätze variabler Länge im Eingabebereich ab.

Satzaufbau von Sätzen variabler Länge:

Satz		
Satzlängenfeld		
2 Bytes	2 Bytes	Satzinhalt (n Bytes)
Länge	reserv.	

Ein Satz variabler Länge besteht aus dem Satzlängenfeld und dem eigentlichen Satzinhalt. In den ersten beiden Bytes steht die Satzlänge (einschließlich der 4 Bytes des Satzlängenfeldes) als Festpunktzahl[9]. Byte 3 und Byte 4 des Satzlängenfeldes sind reserviert.

---

9 Der genaue Aufbau von Festpunktzahlen wird in Teil III, Kap. 1 dieses Lernprogramms vorgestellt.

NAME		ADRESSE		
VNAME	FNAME	STR	PLZ	ORT
1–15	16–30	31–50	51–54	55–75

2.5. Der u. g. Makroaufruf RDATA liest Sätze mit o. g. Struktur von einer Plattendatei. Vervollständigen Sie die Definition des Eingabebereiches EINB, so daß mit symbolischen Namen auf alle Einzelfelder (einschl. Satzlängenfeld) zugegriffen werden kann.

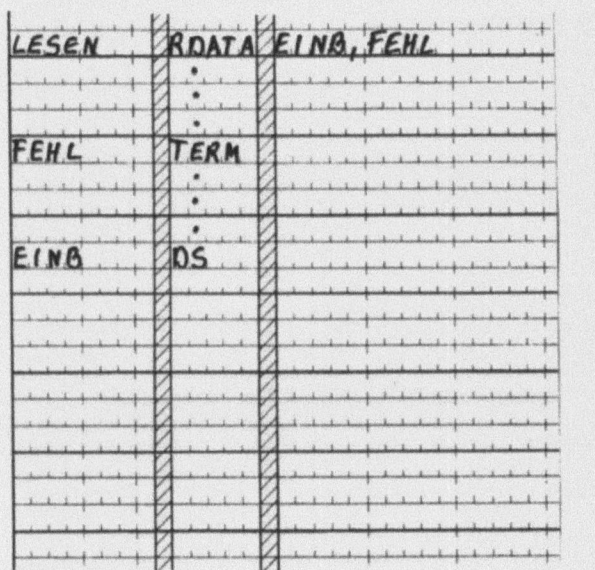

Seite A3

Wird im vorgenannten Beispiel durch RDATA Dateiende erkannt, so verzweigt die Programmsteuerung zur Adresse FEHL. Dort wird das Programm mit TERM beendet.

2.6. Erstellen Sie einen Programmausschnitt (RDATA und Definition).
Struktur der Eingabesätze:

SATZ			
Satzart	Artikelnr.	Artikelbez.	Bestand
1	2–5	6–25	26–30

Die Sätze sind mit RDATA zu lesen. Alle Teilfelder sind als Zeichenfelder (Typ C) zu definieren. Bei erkennen von Dateiende soll das Programm beendet werden.

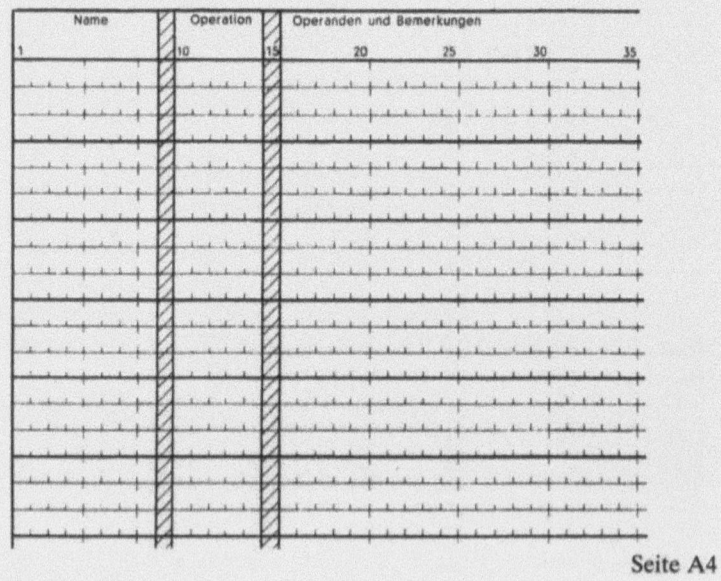

Seite A4

Wie bereits erwähnt, kann mit RDATA auch von der Datensichtstation gelesen werden.

In diesem Fall hält das Programm bei Ausführung von RDATA an und erwartet die Eingabe über die Tastatur der Datensichtstation. Ist die Eingabe durchgeführt, wird sie vom Benutzer mit der Taste DÜ von der Datensichtstation zum Programm übertragen. Das Programm wird weiter ausgeführt.

2.3.2. Übertragen nach SYSLST, WRLST

Mit dem Makroaufruf WRLST wird ein Satz nach der logischen Systemdatei SYSLST übertragen. SYSLST ist standardmäßig dem Drucker zugeordnet.

Form von WRLST:

Name	Operation	Operanden
[Symb. Name]	WRLST	Ausb,Fehler

Ausb ist die symbolische Adresse des Ausgabebereiches, aus dem der Satz zu übertragen ist.

Fehler ist eine symbolische Adresse, zu der verzweigt wird, wenn eine besondere Bedingung oder ein Fehler bei der Makroausführung auftritt.

Die Länge eines mit WRLST auszugebenden Satzes wird nicht im Makroaufruf, sondern im Satz selbst angegeben. Ebenso muß auch die Steuerung des Druckers im Satz angegeben werden.

Satzaufbau für Sätze, die mit WRLST ausgegeben werden:

Satz			
Satzlängenfeld		STB	Satzinhalt (n Bytes)
2 Bytes	2 Bytes		
Länge	reserv.		

Die ersten 4 Bytes des Ausgabesatzes enthalten das Satzlängenfeld. In die ersten 2 Bytes dieses Satzlängenfeldes wiederum ist die gewünschte Länge des auszugebenden Satzes (= Länge des Satzinhalts + 4 Bytes Satzlängenfeld + 1 Byte für die Druckersteuerung) einzutragen.

In das 5. Byte (Steuerbyte) des Ausgabesatzes ist das gewünschte Druckervorschubzeichen[10] einzutragen. Die eigentliche Satzlänge ist also immer um 5 Bytes (Verwaltungsdaten) zu erhöhen. Der Makro WRLST überträgt aber nur den eigentlichen Satzinhalt. Also ab der Adresse Ausb + 5.

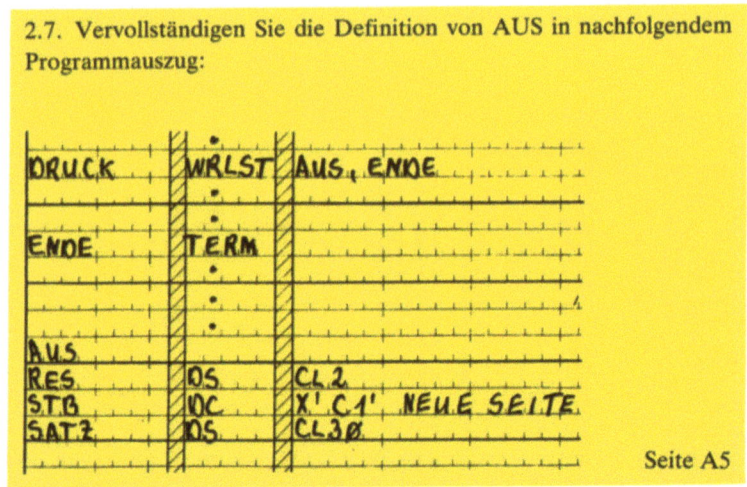

2.7. Vervollständigen Sie die Definition von AUS in nachfolgendem Programmauszug:

```
DRUCK    WRLST  AUS,ENDE

ENDE     TERM




AUS
RES      DS      CL2
STB      DC      X'C1'  NEUE SEITE
SATZ     DS      CL30
```

Seite A5

In diesem Beispiel wurde die Satzlänge in Form einer X-Konstanten angegeben. Dies war relativ einfach, da nur die Längen der einzelnen Felder aufaddiert werden mußten. Diese Methode ist allerdings sehr aufwendig und fehleranfällig, wenn der Ausgabebereich aus einer größeren Menge von Teilfeldern besteht. Da man sich bei der Addition von mehreren Längen verrechnen kann, sollte man diese Arbeit dem Assembler überlassen. Der kann dies besser und absolut fehlerfrei. Dazu ist nur notwendig, daß wir dem Assembler sagen, welche Werte er addieren soll. Dies geschieht durch die Definition einer 2-Bytes großen Adreßkonstanten (Typ Y) mit einem relativen Ausdruck.

---

10 Druckervorschubzeichen siehe Anhang Seite A55.

Form der Y-Konstanten:

Name	Operation	Operand
[Symb. Name]	DC	Y (rel. Ausdruck) ↑ ↑ Typ Der relative Ausdruck wird in Klammern eingeschlossen.

Beispiel:

| KON1 | DC | Y(ENDE-ANFANG) |

KON1 erhält die Distanz (Unterschied) zwischen den symb. Adressen ENDE und ANFANG. Wenn in diesem Beispiel ANFANG die Adresse (Adreßpegelstand) $20_{(10)}$ hat und ENDE die Adresse $100_{(10)}$, dann erhält KON1 den Wert $80_{(10)}$ als 2 Bytes große Festpunktzahl.

Soll nun die Länge mehrerer Felder aufaddiert werden, dann muß man nur dem ersten Byte hinter dem letzten Feld eine symbolische Adresse zuweisen und diese mit dem aktuellen Adreßpegelstand gleichsetzen. Dies geschieht mit der EQU-Anweisung (siehe Anhang Seite A50).

Somit kann der Programmausschnitt von Seite A5 wie folgt modifiziert werden:

```
DRUCK      WRLST   AUS,ENDE
ENDE       TERM
AUS        DC      Y(AUSEND-AUS)
RES        DS      CL2
STB        DC      X'C1'
SATZ       DS      CL30
AUSEND     EQU     *
```

Der Assembler errechnet den Unterschied zwischen AUSEND und AUS, bezogen auf den Adreßpegel. Diesen Wert trägt er als 2 Bytes große Festpunktzahl in die Y-Konstante ein. Damit enthält AUS die exakte Satzlänge, wie sie nach den Konventionen des Makros WRLST notwendig ist.

Befinden sich Ablaufteilmakros in Programmen, so müssen vor Programmausführung die benötigten Systemdateien entsprechend zugeordnet werden. Normalerweise ist davon SYSDTA betroffen, wenn von RDATA-Makros Datenmengen gelesen werden. Standardmäßig ist SYSDTA der Datensichtstation zugeordnet. Große Datenmengen werden sinnvollerweise erst auf eine Plattendatei übertragen und im Programm durch RDATA von dieser Plattendatei gelesen.

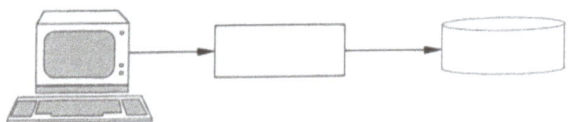

Vor dem Start des Programms ist dann mit dem Kommando /SYSFILE die Plattendatei der Systemdatei zuzuordnen. Aus Gründen der Übersichtlichkeit sollte diese Zuordnung im Quellprogramm als Kommentarzeile vermerkt sein.

2.8. Erstellen Sie ein Programm, das Daten einliest und in veränderter Form auf dem Drucker ausgibt.

Struktogramm:

Laden Basisregister
Lesen Satz solange nicht Dateiende
Übertragen ENAME → ANAME
Übertragen ESTR → ASTR
Übertragen EPLZ → APLZ
Übertragen EORT → AORT
Drucken Zeile

Das Programm liest Datensätze von der Plattendatei EDATEN. Dann sind die einzelnen Felder des Eingabesatzes in den Ausgabebereich zu übertragen. Anschließend ist der Ausgabesatz auf Drucker auszugeben. Das Steuerbyte im Ausgabebereich soll den Code für »Vorschub um 1 Zeile vor dem Drucken« erhalten. Der Ausgang bei Dateiende in RDATA ist der gleiche wie der Fehlerausgang bei WRLST.

Aufbau der Eingabesätze

ENAME		EADRESSE		
EFN 1–15	EVN 16–30	EORT 31–50	ESTR 51–70	EPLZ 71–74

Aufbau der Ausgabesätze wie sie auf dem Drucker auszugeben sind:

ANAME		AADRESSE		
AFN 1–15	AVN 16–30	ASTR 31–50	APLZ 51–54	AORT 55–71

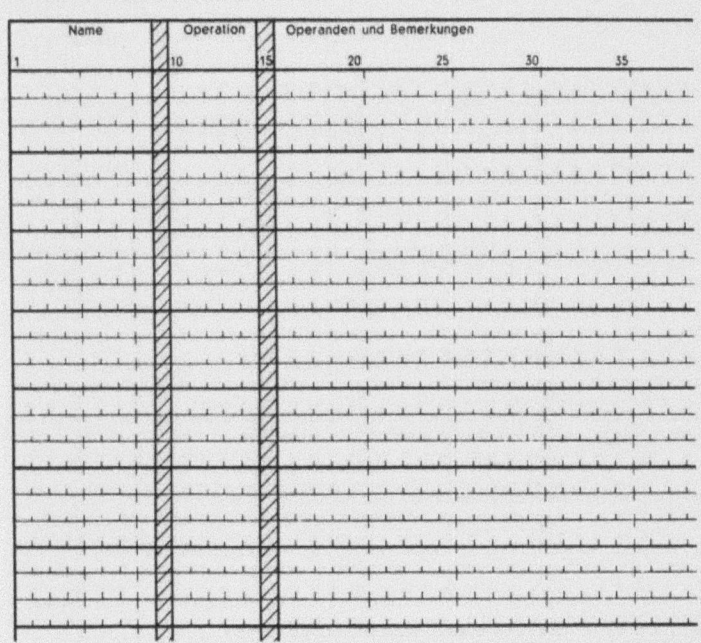

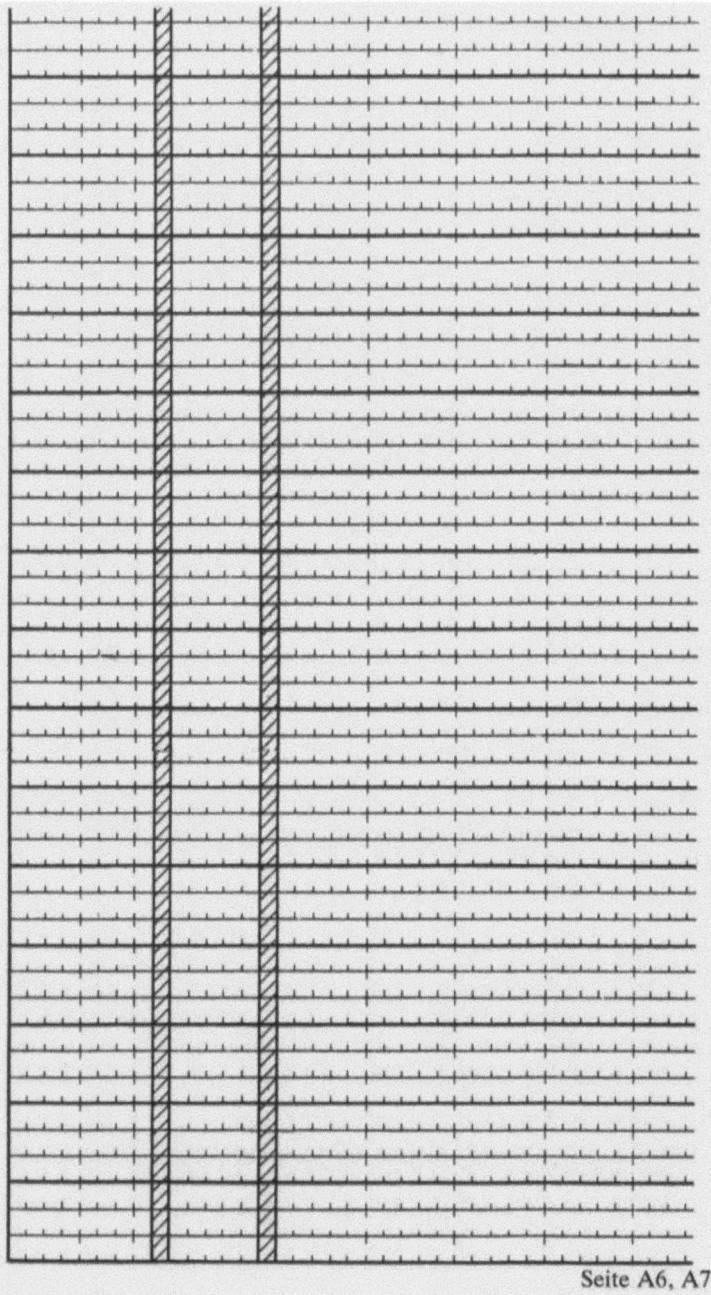

Seite A6, A7

3. Einführung in die Befehlsliste

Für die Zentraleinheiten der verschiedenen Hersteller von Datenverarbeitungsanlagen steht im allgemeinen ein Befehlsvorrat von etwa 100 bis 200 Maschinenbefehlen zur Verfügung. Bisher wurden einige dieser Befehle in ihrer Bedeutung und Wirkungsweise vorgestellt.

Aufgabe dieses Abschnittes ist es nun, eine Reihe weiterer wichtiger Befehle zu erläutern und ihre Anwendung zu veranschaulichen[11]. Darüber hinaus müssen wir mit dem Umgang der sogenannten Befehlsliste vertraut werden. In diesen Befehlslisten, die von den jeweiligen Herstellern zur Verfügung gestellt werden, sind Wirkungsweise und Anwendungsmöglichkeiten der einzelnen Maschineninstruktionen beschrieben. Die im folgenden besprochenen Befehle sind in Abschnitt 6.2, Seite A25, im Formalismus einer Befehlsliste aufgeführt.

3.1. Die Befehle MVC, MVI

Ein Befehl der *Gruppe der logischen Befehle*[12] wurde bereits besprochen: MVC (Move Characters, Übertragen Zeichen).

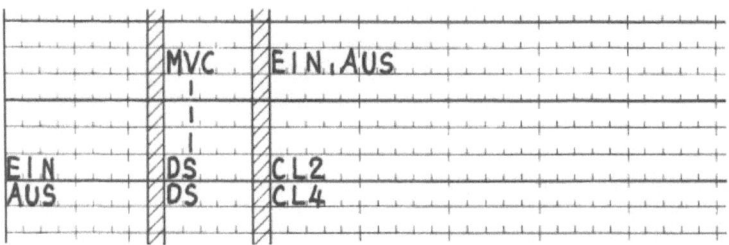

In diesem Beispiel werden 2 Bytes von AUS nach EIN übertragen. Zu beachten ist, daß die Anzahl der zu übertragenden Bytes durch die im-

---

11 In Teil III dieses Lernprogramms werden die bisher behandelten Instruktionen durch Festpunktoperationen und Spezialbefehle erweitert.
12 Der gesamte Befehlsvorrat einer Zentraleinheit wird in Befehlsgruppen unterteilt, z. B. arithmetische Befehle, Sprungbefehle usw.

plizite Länge des ersten Operanden bestimmt wird, falls keine explizite Länge angegeben ist. Ein anderer Fall sei betrachtet:

> 3.1. Die letzten 10 Zeichen des Bereichs NERO sollen mit der Information * aufgefüllt werden. Wie müssen die dafür vorgesehenen beiden MVC-Befehle formuliert werden?
>
>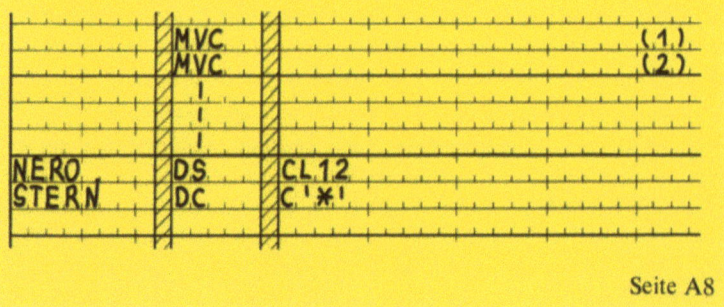
>
> Seite A8

Neben dem eigentlichen Übertragungsbefehl (2) ist ein weiterer MVC-Befehl (1) notwendig, der das Füllzeichen * in die Speicherstelle NERO + 2 bringt. In all den Fällen, in denen lediglich ein Zeichen übertragen werden soll, kann von einem *speziellen* Maschinenbefehl Gebrauch gemacht werden.

> 3.2. Welcher der aufgeführten Befehle eignet sich zur Übertragung von genau einem Byte? (Vgl. Abschnitt 6.2).
>
> a) MP Seite A9
> b) MVZ Seite A8
> c) MVI Seite A5

Das zu übertragende Byte steht im Längenteil des Befehls MVI (Move Immediate).

Befehlsformat:

Operationsteil	Direktoperand	Empfangsadresse
1 Byte	1 Byte	2 Bytes

Wie in Abschnitt 6.2.2, Seite A27, zu ersehen ist, wird der Direktoperand (2. Operand) mit I2 bezeichnet; die Empfangsadresse (Adresse des 1. Operanden) enthält die Angaben des verwendeten Basisregisters und der Distanzadresse. Der MVI-Befehl gehört damit zur Gruppe der SI-Befehle.

In der Assemblersprache gibt man bei einem MVI-Befehl zuerst die Empfangsadresse, dann den Direktoperanden an.

MVI |Empfangsadresse, Direktoperand

Der Direktoperand wird wie eine zu definierende 1 Byte Konstante angegeben.

Beispiel:

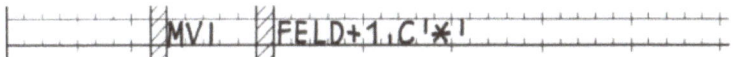

Das Zeichen * wird an die Stelle FELD + 1 übertragen.

3.3. Wie lautet der MVI-Befehl, der das Zeichen »Zwischenraum« an die erste Stelle des Bereichs AUSB überträgt?

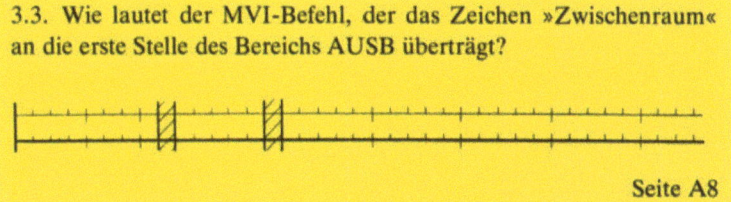

Seite A8

Die gleiche Aufgabe könnte statt mit MVI auch mit MVC durchgeführt werden, allerdings müßte dann das Zeichen »Zwischenraum« mit DC definiert werden.

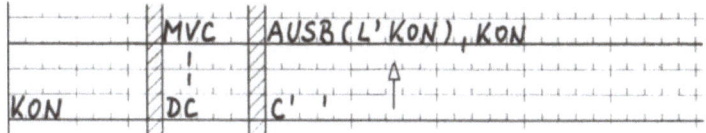

Zusätzlich muß die implizite Länge
von AUSB durch die Angabe des
Längenmerkmals (L'KON) geändert werden.

3.4. Es ist ein MVI-Befehl zu codieren, der den Buchstaben A an die fünfte Stelle des Bereichs ALPHA überträgt.

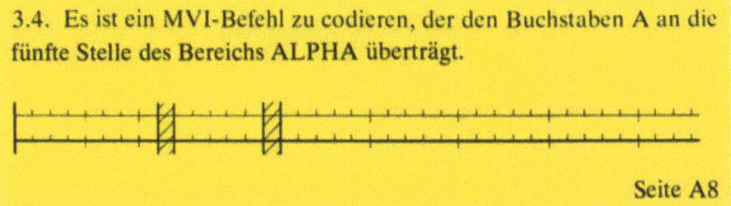

Seite A8

3.2. Die Konstantentypen X und B

Der EBCDI-Code umfaßt insgesamt 256 Verschlüsselungen (Binärmuster), von denen aber nur ein kleiner Teil den abdruckbaren Zeichen (Buchstaben, Ziffern, Sonderzeichen) zugeordnet ist.

Soll ein Binärmuster mit DC definiert oder in einem MVI-Befehl direkt angegeben werden, so kann das mit dem Konstantentyp C *nur* für die abdruckbaren Zeichen erfolgen.

> 3.5. Mit welchem Konstantentyp können indessen Daten verschlüsselt werden, denen keine abdruckbaren Zeichen zugeordnet sind (vgl. Seite A47)?
> a) Konstantentyp X
> b) Konstantentyp B
>
> Seite A9

Die Definition z. B. des Buchstabens A ist somit auf drei Arten möglich:

```
MOEG1    DC    C'A'
MOEG2    DC    X'C1'
MOEG3    DC    B'11000001'
```

> 3.6. Wie kann das Zeichen Z auf drei verschiedene Arten definiert werden (Z ≙ E9₍₁₆₎)?
>
> Seite A9

Konstanten des X- und B-Typs können selbstverständlich auch als Direktoperanden in MVI-Befehlen angegeben werden.

> 3.7. Welche der unten aufgeführten Befehle übertragen das Zeichen W in den Bereich EINS (W ≙ E6₍₁₆₎)?
>
> ```
> a)    MVI    EINS,C'W'
> b)    MVI    EINS,B'11000110'
> c)    MVI    EINS,X'E6'
> d)    MVI    EINS,W'C'
> e)    MVI    EINS,X'6E'
> f)    MVI    EINS,B'11100110'
> ```
>
> Seite A9

Wir werden uns im folgenden darauf beschränken, Binärmuster, denen keine abdruckbaren Zeichen zugeordnet sind, mit X zu definieren.

3.3. Vergleichsoperationen, CLC, CLI

Neben dem CLC-Befehl (SS-Format) gibt es in der Gruppe der Vergleichsbefehle ebenfalls einen Befehl des SI-Formats. Ähnlich, wie der MVI, der die Übertragung eines *Direktoperanden* zuläßt, arbeitet der CLI-Befehl.

Befehlsformat:

Operationsteil	Direktoperand	Adresse des ersten Operanden
1 Byte	1 Byte	2 Bytes

Das im Befehl *direkt* angegebene Zeichen wird mit dem im Arbeitsspeicher adressierten Operanden verglichen.

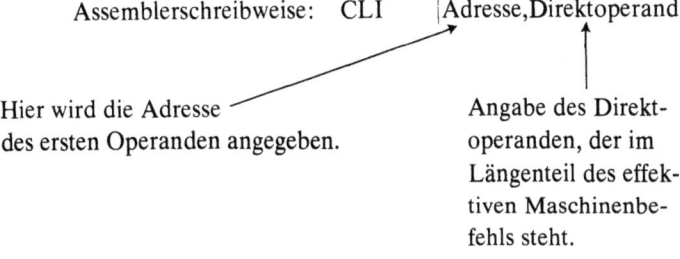

Hier wird die Adresse des ersten Operanden angegeben.

Angabe des Direktoperanden, der im Längenteil des effektiven Maschinenbefehls steht.

Beispiel:

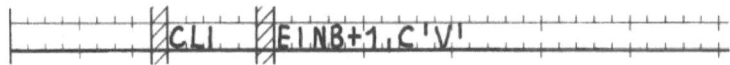

Durch diesen Befehl wird die zweite Stelle des Bereichs EINB mit dem Zeichen V verglichen. Soll obiges Beispiel dagegen mit einem CLC-Befehl programmiert werden, dann muß das Zeichen V als Konstante definiert sein.

```
         CLC    K1,EINB+1

EINB     DS     CL80
K1       DC     C'V'
```

Bei CLC können die beiden Operanden vertauscht werden. Allerdings muß dann die implizite Länge 80 des Bereichs EINB durch die explizite Angabe (L'K1) aufgehoben werden.

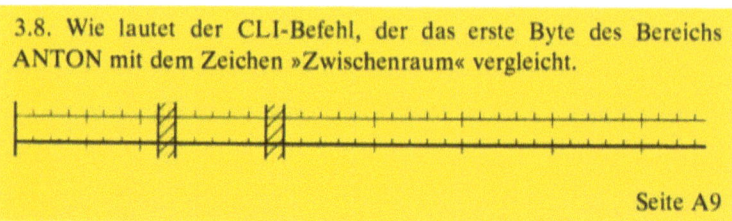

3.8. Wie lautet der CLI-Befehl, der das erste Byte des Bereichs ANTON mit dem Zeichen »Zwischenraum« vergleicht.

Seite A9

Ein Vergleichsbefehl läßt nach der Befehlsausführung drei Aussagen zu: die Operanden sind gleich, ein Operand ist kleiner oder größer als der andere Operand.

Das Ergebnis des Vergleichs drückt sich durch eine maschineninterne *Anzeige* aus. Den in der Regel vier verschiedenen Anzeigen werden die Ergebnismöglichkeiten eines Vergleichsbefehls folgendermaßen zugeordnet:

Anzeige	*Vergleichsergebnis*
0	1. Operand = 2. Operand
1	1. Operand < 2. Operand
2	1. Operand > 2. Operand
3	Von CLC bzw. CLI nicht verwendet

3.9. Wie kann die Anzeige nach einer Vergleichsoperation ausgewertet werden?

a) Sie kann nicht ausgewertet werden.   Seite A9
b) Durch einen Sprungbefehl.   Seite A10
c) Die Auswertung der Anzeige erfolgt automatisch vom Steuerwerk der Zentraleinheit.   Seite A9
d) Mittels des BC-Befehls.   Seite A10

3.4. Sprungbefehle

Eine Anzahl von Maschinenbefehlen dokumentieren, wie wir gesehen haben, mit einer maschineninternen Anzeige das Ergebnis der Befehlsausführung. Man unterscheidet dabei die vier Anzeigen 0, 1, 2 oder 3. Es besteht die Möglichkeit, die Anzeigen per Programm mit einem bedingten Sprungbefehl BC abzufragen und damit das Ergebnis des anzeigenverursachenden Befehls auszuwerten.

Wie nachstehendes Bild zeigt, gehört der BC-Befehl zur Gruppe der RX-Befehle. Ein RX-Befehl enthält seiner Struktur nach eine Speicheradresse (B2/D2), ein Indexregister (X2)[13] sowie ein weiteres Register. *Statt dieser Registerangabe steht jedoch beim BC-Befehl die sogenannte »Sprungmaske«.*

Befehlsformat:

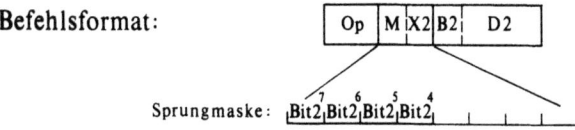

Den vier Bits der Maske werden die vier möglichen Anzeigen wie folgt zugeordnet:

Maske:	Bit 2^7	Bit 2^6	Bit 2^5	Bit 2^4
Wertigkeit:	8	4	2	1
Anzeige:	0	1	2	3

Die Bits in der Maske des BC-Befehls können vom Programmierer bestimmt (gesetzt) werden. Wird bei der Ausführung des Sprungbefehls festgestellt, daß die Anzeige und das betreffende Bit in der Sprungmaske übereinstimmen, so wird auf die im Befehl angegebene Sprungadresse verzweigt. Falls Maskenbit und Anzeige nicht übereinstimmen, wird das Programm mit der auf den BC-Befehl folgenden Instruktion fortgesetzt. In der Assemblerschreibweise lautet der BC-Befehl:

BC |Maske,Sprungadresse

Beispiel: BC |8,ADR1

---

13 Ein Indexregister wird zur Adreßbildung herangezogen; die Indexadressierung wird in Teil III erörtert.

Die Sprungmaske 8 (dezimal) resultiert aus dem Bitmuster der folgenden Darstellung:

```
Maske:     1    0    0    0
           ↕    ↕    ↕    ↕
Anzeige:   0    1    2    3
```

Der Sprungbefehl wird *nur dann* auf die Adresse ADR1 verzweigen, wenn die Anzeige 0 (Maske 8) festgestellt wird. Für die restlichen drei Anzeigemöglichkeiten ist die *Sprungbedingung nicht erfüllt*, so daß das Programm mit dem nächsten Befehl fortgesetzt wird.

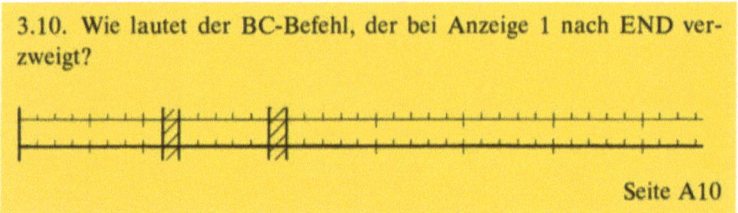

3.10. Wie lautet der BC-Befehl, der bei Anzeige 1 nach END verzweigt?

Seite A10

In obiger Aufgabe hätte die Sprungmaske auch mit dem Typ X oder B definiert werden können.

```
        BC    | X'4',END
oder:   BC    | B'0100',END
```

Selbstverständlich können auch mehrere Bits in der Sprungmaske auf 1 gesetzt und damit mehr als eine Anzeige abgefragt werden, wie die nachfolgende Aufgabe zeigt.

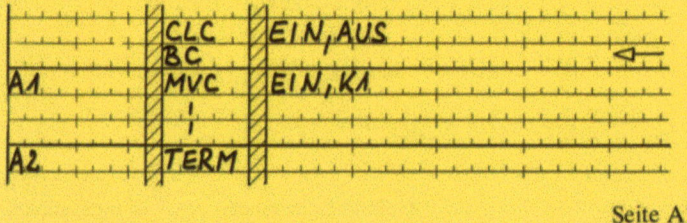

3.11. Wie muß der angegebene Sprungbefehl ergänzt werden, damit das Programm bei *Operandenungleichheit* (Anzeige 1 und 2) durch TERM beendet, und, falls die unter EIN und AUS stehenden Operanden gleich sind, bei Adresse A1 fortgesetzt wird.

Seite A10

3.4.1. Pseudosprungbefehle

Die Anwendung von Pseudosprungbefehlen erleichtert die Programmierung, denn bei Pseudosprungbefehlen ist der Operationsteil des BC-Befehls mit bestimmten Masken zu neuen Operationsverschlüsselungen zusammengefaßt[14].
Beispiel: Die beiden Operanden P1 und P2 sind zu vergleichen. Bei Gleichheit soll das Programm bei der Adresse SPRING fortgesetzt werden.

Mit dem Pseudosprungbefehl BE (Branch on Equal) werden die Sprungmaske 8 und der Operationsteil BC erfaßt. Bislang wurden die Pseudosprungbefehle nur nach *logischen* Befehlen angewendet (CLC, CLI). Darüber hinaus besteht die Möglichkeit, diese auch nach arithmetischen Befehlen zu verwenden (vgl. Abschnitt 6.2.15, Seite A40). In vorstehendem rechten Bild könnte statt des Operationsteiles BE auch BZ (Branch on Zero) stehen, da BZ ebenfalls der Form BC |8 entspricht.

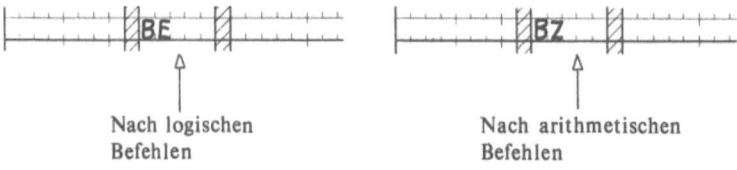

Sinnvollerweise macht man jedoch von den Operationsverschlüsselungen BO, BP, BM und BZ nur zur Auswertung der Anzeigen arithmetischer Befehle Gebrauch.

3.4.2. Sprungbefehle für Unterprogrammroutinen, BAL, BCR

Die kleinen Programme oder Programmabschnitte, die bis jetzt erörtert wurden, waren stets *linear* programmiert.

---

14 Gilt nur für die Assemblerschreibweise, nicht für den Maschinensprungbefehl.

Diese Art der Programmierung hat den Nachteil, daß häufig auftretende Routinen jedesmal neu codiert werden müssen.

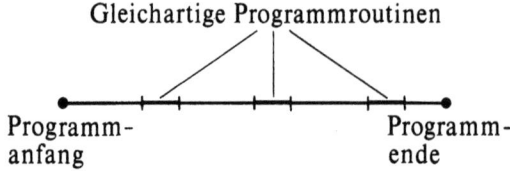

Beispiel: Es sei in einem Programm erforderlich, mehrere Male den Ausgabebereich zu löschen.

MVI	AUSB, C ' ␣ '	bzw. nach den Regeln des
MVC	AUSB + 1(131), AUSB	wohlstrukturierten Pro-
|		grammierens:
|		MVC | AUSB + 1
MVI	AUSB, C ' ␣ '	(L'AUSB − 1), AUSB
MVC	AUSB + 1(131), AUSB	Näheres zur Bildung von
|		»Ausdrücken« folgt im
|		Teil III
MVI	AUSB, C ' ␣ '	
MVC	AUSB + 1(131), AUSB	

Es bietet sich hier die Möglichkeit an, derartige Routinen aus dem Programmablauf herauszuheben und als sogenannte *Unterprogramme* zu betrachten.

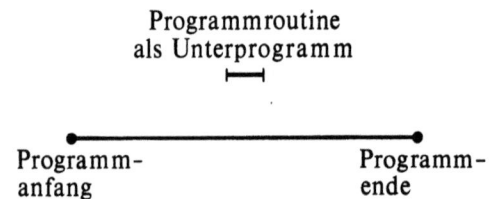

Dieses aus dem Hauptprogramm herausgelöste Unterprogramm wird dann bei Bedarf durchlaufen. Hierfür muß die Unterprogrammroutine *angesprungen* (1,3) und nach Beendigung ins Hauptprogramm zurückverzweigt werden (2,4).

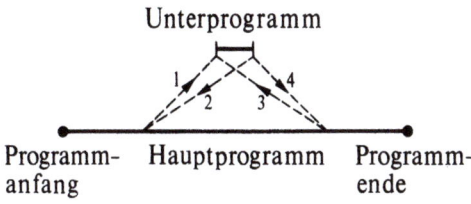

Um nun die eingangs angesprochene Löschroutine per Befehl zu erreichen, muß dem Unterprogramm ein Name gegeben werden, z. B. UPR.

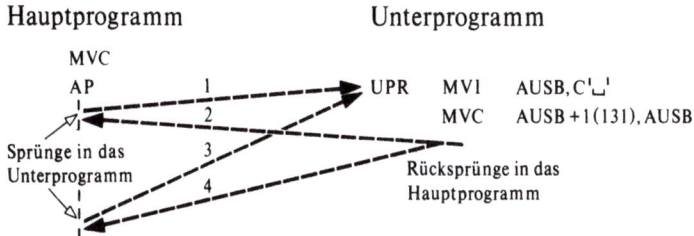

Es stellt sich damit die Frage, wie aus dem Hauptprogramm nach UPR verzweigt und wieder rückverzweigt werden kann. Wie man leicht einsieht, kann mit einem BC-Befehl zwar jedesmal nach UPR verzweigt, jedoch nicht zurückgesprungen werden. Dies hat seinen Grund darin, daß der Zentraleinheit beim Programmlauf nicht angegeben wird, durch welchen Befehl des Hauptprogramms der Sprung nach UPR erfolgte – das Hauptprogramm soll ja nach dem Rücksprung mit der auf den Sprungbefehl folgenden Instruktion fortgesetzt werden.

3.12. Mit Hilfe der Beschreibungen der Sprungbefehle in Abschnitt 6.2 soll der Befehl gefunden werden, der einen Sprung auf eine beliebige Adresse ermöglicht. Überdies soll gewährleistet sein, daß aus der angesprungenen Routine *richtig* zurückverzweigt werden kann.

Antwort: ....

Seite A9

Mit dem ermittelten Befehl kann die Routine UPR angesprungen und die Adresse des im Hauptprogramm folgenden Befehls in einem Mehrzweckregister sichergestellt werden.

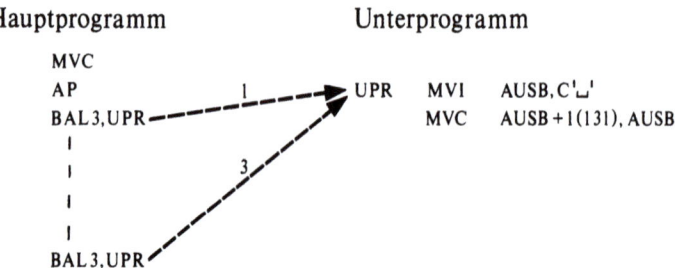

Das gewählte Register 3 dient zur Speicherung der Adresse des im Hauptprogramm folgenden Befehls. Doch wie kann nun nach dem Durchlaufen des Unterprogramms wieder an die richtige Absprungstelle zurückverzweigt werden? Da im Register 3 die Rücksprungadresse sichergestellt ist, wird ein Sprungbefehl benötigt, dessen Sprungadresse in einem Register steht.

> 3.13. Welcher der folgenden Befehle ist hierfür geeignet (vgl. hierzu Abschnitt 6.2)?
>
> a) BC
> b) BE
> c) BALR
> d) BCR
> e) BAL   Seite A10

Mit dieser Kenntnis können wir den Rücksprung in dem gewählten Beispiel codieren.

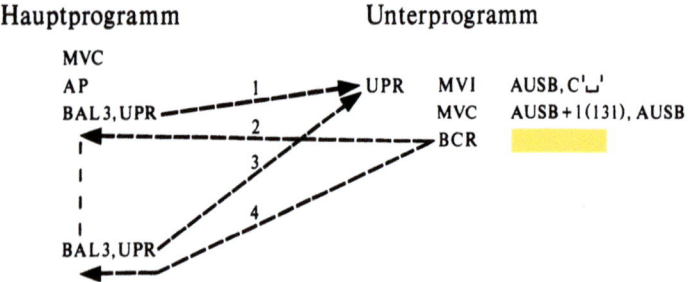

40

3.14. Wie muß der BCR-Befehl in vorstehendem Bild vervollständigt werden?

Seite A10

Unterprogramme werden am zweckmäßigsten an das Ende eines Hauptprogramms gelegt.

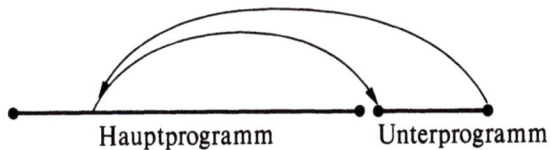

Hauptprogramm   Unterprogramm

3.15. Es sollen dementsprechend die beiden Befehle bestimmt werden, die den Ansprung in das Unterprogramm UNTER und den Rücksprung in das Hauptprogramm ermöglichen. Hierzu ist das Register 8 zu verwenden.

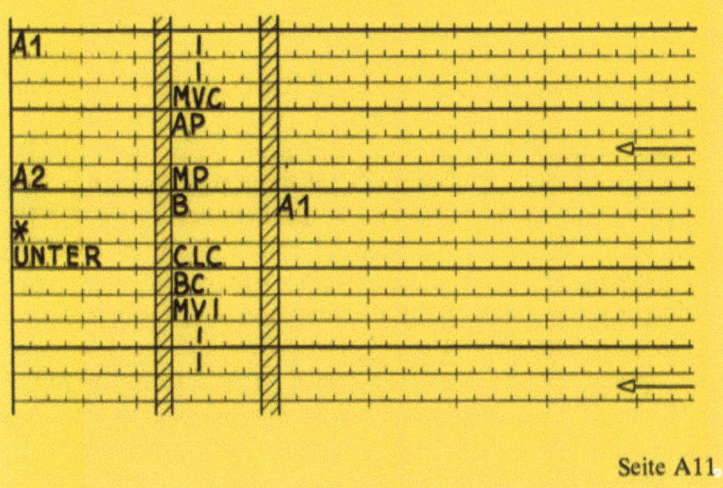

Seite A11

3.5. Dezimalarithmetische Befehle

Um Rechenoperationen in der Dezimalarithmetik lösen zu können, benötigen wir die Kenntnis entsprechender Befehle. Neben den *rein arithmetischen Befehlen* müssen wir zudem einige Operationen betrachten, die *geeignete Datenformate* erzeugen und die *Druckaufbereitung* ermöglichen. Im folgenden werden diese Befehle vorgestellt, und die Problematik dezimaler Rechenoperationen anhand ausgewählter Beispiele erörtert.

3.5.1. Der Befehl PACK

Die meisten Zentraleinheiten verarbeiten zwei Formate, in denen Dezimalzahlen vorliegen können: das *entpackte* und das *gepackte* Datenformat. Im entpackten Format[15] ist jede Ziffer einer Dezimalzahl in einem Byte verschlüsselt:

Beispiel: +364 ⟶ F3 F6 C4

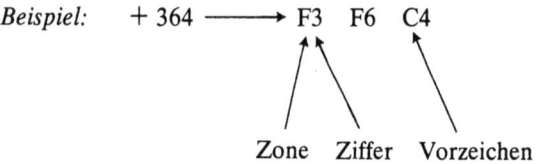

Zone   Ziffer   Vorzeichen

Die Verschlüsselung erfolgt nach dem EBCDI-Code, wobei zu beachten ist, daß das Vorzeichen im höherwertigen Halbbyte des letzten Bytes angegeben ist. Standardvorzeichen bei Rechnern, die mit dem EBCDI-Code arbeiten, sind $C_{(16)}$ für positive Zahlen und $D_{(16)}$ für negative Zahlen (vgl. hierzu auch die rechnerinterne Datendarstellung auf S. A58). In allen übrigen Stellen einer entpackten Dezimalzahl sind die höherwertigen Halbbytes mit $F_{(16)}$ verschlüsselt, die niederwertigen Halbbytes stellen die Ziffern dar. Man spricht hier vom *Zonen-* und vom *Ziffernteil* eines Bytes. Das Rechenwerk einer Zentraleinheit kann dezimalarithmetische Operationen jedoch nur mit Zahlen im *gepackten Datenformat* durchführen. Dieses Datenformat unterscheidet sich vom entpackten Format dadurch, daß keine Zonenverschlüsselungen mehr vorhanden sind; je zwei Ziffern werden also zu einem Byte zusammengefaßt.

---

15 Man spricht bei entpacktem Format auch von gezontem Format.

Beispiel: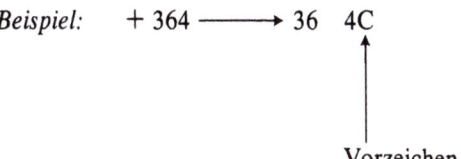

Vorzeichen

Das Vorzeichen im gepackten Format steht im *niederwertigeren* Halbbyte des letzten Bytes.

> 3.16. Wie lautet die Zahl -52367 im entpackten, wie im gepackten Format?
> a) Entpacktes Format: ....
> b) Gepacktes Format: ....
>
> Seite A11

Wenn Dezimalzahlen in den Arbeitsspeicher eingelesen werden, liegen sie im entpackten Format vor. Falls nun eine dezimalarithmetische Verarbeitung erfolgen soll, müssen diese entpackten Daten »gepackt« werden. *Dies läßt sich mit dem Befehl PACK (Packen) erreichen.*

Beispiel: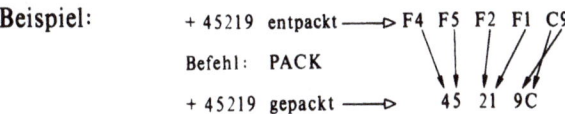

Durch PACK werden einmal die beiden Halbbytes der letzten Dezimalstelle vertauscht, zum anderen je zwei der restlichen Ziffern zu einem Byte zusammengefaßt[16]. Ist das Ergebnisfeld für die gepackte Zahl zu lang, werden führende Nullen eingeschoben.

Beispiel: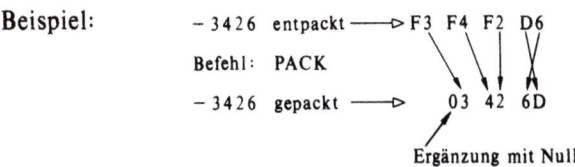

Da eine Zahl im entpackten Format (1. Operand) eine andere Länge als im gepackten Format (2. Operand) hat – nach dem Packen wird ein ge-

---

16 Der PACK-Befehl arbeitet wie alle arithmetischen Befehle von rechts nach links. Darüber hinaus gilt bei ihm sowie bei allen dezimalarithmetischen Operationen, daß das Ergebnis nach der jeweiligen Operation stets im ersten Operanden steht.

ringerer Speicherbereich benötigt –, werden auch beide Längen im PACK-Befehl angegeben.

> 3.17. PACK enthält also zwei Operandenadressen. Um welchen Befehlstyp handelt es sich hierbei?
>
> Antwort: ....
>
> Seite A11

Befehlsformat:

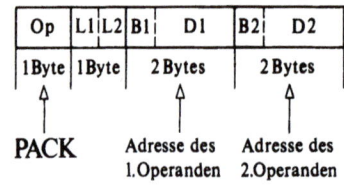

Die beiden Operandenadressen enthalten die Angabe der Distanzadresse und des verwendeten Basisregisters. Jedem Operanden ist eine Länge zugeordnet[17]. In der Assemblerschreibweise lautet der PACK-Befehl:

PACK |Adresse 1, Adresse 2

Als Adresse 2 steht der 2. Operand, die entpackte Dezimalzahl (Sendefeld). Adresse 1 gibt den Bereich an, in dem nach der Befehlsausführung die gepackte Zahl untergebracht wird (Empfangsfeld). In den beiden Operandenadressen sind, wenn nicht explizit angegeben, die Längenangaben L1 bzw. L2 implizit enthalten.

Beispiel:

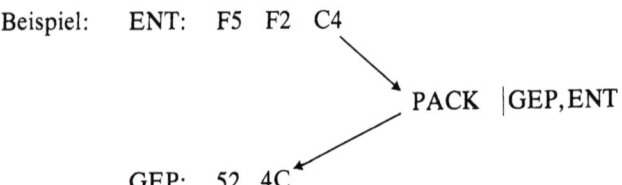

Der Inhalt des Sendefeldes ENT bleibt unverändert, der frühere Inhalt des Empfangsfeldes GEP wird durch die gepackte Dezimalzahl überschrieben.

---

[17] Die maximale Länge eines jeden Operanden beträgt 16 Bytes. Die Längenangaben im Maschinenbefehl sind – um 1 reduziert – sedezimal; dies gilt für alle Längenverschlüsselungen im Maschinenformat.

3.18. Folgende Feldinhalte seien gegeben:

FELDP: 40 40 40 40   FELDE: F7 F8 F0 C1

Welchen Inhalt haben die Felder nach den PACK-Befehlen a bis c (die Aufgaben sind unabhängig voneinander zu lösen)?

a) PACK|FELDP,FELDE
   FELDE: ....
   FELDP: ....
b) PACK|FELDP(3),FELDE
   FELDE: ....
   FELDP: ....
c) PACK|FELDP(2),FELDE
   FELDE: ....
   FELDP: ....

Seite A11

Nachzutragen bleibt noch eine Eigenschaft des PACK-Befehls: Ziffern und Vorzeichen des zu packenden Bereichs werden *nicht* auf Gültigkeit überprüft. Wenn also beispielsweise die Zahl 3472 per Lochkarte eingelesen wurde, steht entsprechend die Information F3 F4 F7 F2 im Arbeitsspeicher.
Wird diese Zahl mit einem PACK-Befehl ins gepackte Format überführt, so bleibt die Verschlüsselung $F_{(16)}$ für das Vorzeichen erhalten: 03 47 2F. Das Rechenwerk der Zentraleinheit interpretiert F jedoch ebenfalls als positives Vorzeichen.

3.5.2. Addition und Multiplikation, AP, MP

Um Dezimalzahlen per Programm addieren oder multiplizieren zu können, müssen diese im *gepackten* Format vorliegen. Das Ergebnis einer Rechenoperation ist dann ebenfalls eine gepackte Zahl. Die Bezeichnungen der zur Addition und Multiplikation geeigneten Befehle »Add Decimal Packed« (AP) und »Multiply Decimal Packed« (MP) bringen das zum Ausdruck. AP und MP sind Befehle des Typs SS.

Befehlsformat: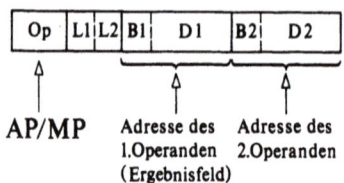

Beispiel eines Additionsbefehls in der Assemblersprache:

AP |ERGEB,KON

Der Inhalt von KON wird von rechts nach links auf den Inhalt von ERGEB addiert und das Ergebnis rechtsbündig in ERGEB gespeichert. Wenn keine explizite Längenangabe getroffen wird, sind in beiden Operanden die betreffenden Längen implizit enthalten.

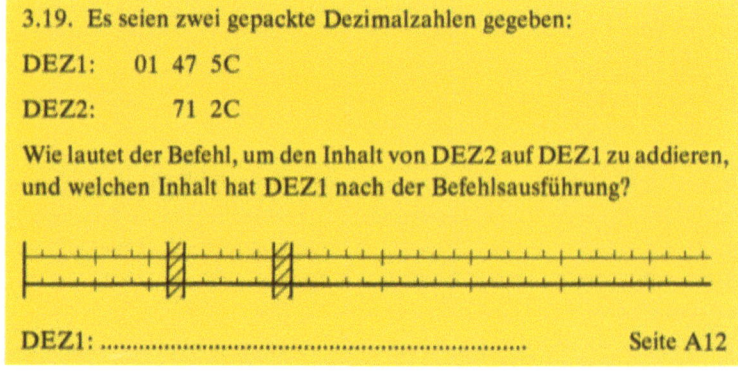

3.19. Es seien zwei gepackte Dezimalzahlen gegeben:

DEZ1:   01 47 5C

DEZ2:   71 2C

Wie lautet der Befehl, um den Inhalt von DEZ2 auf DEZ1 zu addieren, und welchen Inhalt hat DEZ1 nach der Befehlsausführung?

DEZ1: ....   Seite A12

Der 2. Operand wird durch eine Addition nicht verändert, nur der 1. Operand. Er enthält nach der Befehlsausführung das Ergebnis. Wie in Abschnitt 6.2.8 dargelegt, dürfen sich die beiden Operanden jedoch überlappen, wenn ihre niedrigstwertigen Bytes (die Bytes mit den Vorzeichen) identisch sind.

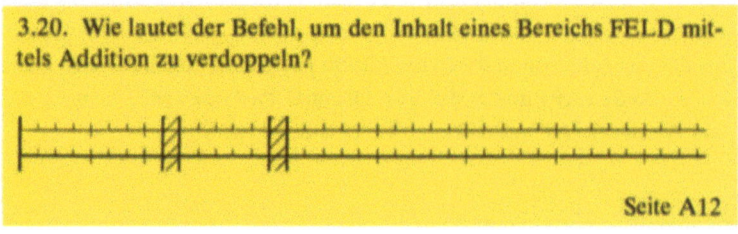

3.20. Wie lautet der Befehl, um den Inhalt eines Bereichs FELD mittels Addition zu verdoppeln?

Seite A12

Der Inhalt eines Bereichs kann auch durch eine Multiplikation mit 2 verdoppelt werden.

Beispiel: FELD: 00 25 0C   KON2: 2C

            MP |FELD,KON2

Nach der Ausführung des MP-Befehls enthält FELD den Wert 00 50 0C. Die unter KON2 definierte Größe ist eine *gepackte Konstante*. Bislang wurde jedoch keine Möglichkeit vorgestellt, Konstanten dieser Art zu definieren. Betrachten wir daher zunächst die Definition gepackter Konstanten. Danach kommen wir noch einmal auf den MP-Befehl zurück.

3.5.3. Die P-Konstante

In Assembler ist die Definition gepackter Konstanten auf sehr einfache Art realisierbar. Statt des Konstantentyps C, X oder B schreibt man für die Erzeugung gepackter Daten P.

Beispiele: DC |P '2'   ⟶   2C
             DC |P '+2'   ⟶   2C
             DC |P '123' ⟶ 12 3C
             DC |P '-1'   ⟶   1D
             DC |P '51'   ⟶ 05 1C

In diesen Beispielen sind rechts die Informationen dargestellt, die der Assembler bei den entsprechenden Angaben generiert. Bei fehlendem Vorzeichen wird die Dezimalzahl als positiv angenommen.

3.21. Die folgenden Dezimalzahlen sollen als P-Konstanten definiert werden. Der sich ergebende Speicherinhalt ist anzugeben (vgl. Abschnitt 6.3.6, Seite A47).

Zahlen	Definitionen	Erzeugte Daten
24	DC	
+ 24	DC	
− 7	DC	
+ 100	DC	

Seite A12

Bei der Definition von gepackten Dezimalzahlen mit dem Konstantentyp P kann aus Übersichtsgründen ein Dezimalpunkt (statt eines Kommas) angegeben werden. Er wird in der erzeugten Konstante jedoch *nicht* berücksichtigt.

Beispiele: DC P '2409'
DC P ' + 2409'   Das Ergebnis ist in jedem
DC P '24.09'   Fall gleich: 02 40 9C.
DC P ' + 24.09'

Wie bei den anderen Konstanten kann auch bei P-Konstanten ein Längenfaktor L angegeben werden. Die zu erzeugende gepackte Dezimalzahl wird dabei rechtsbündig gespeichert; nach links wird das Feld mit Null aufgefüllt.

Beispiel: DC PL3 ' + 12' ⟶ 00 01 2C

3.5.4. Anwendungen

In den bisherigen Übungen wurden nur *ganze* Dezimalzahlen verwendet. Da das Rechenwerk der Zentraleinheit nur ganzzahlige Werte verarbeiten kann, müssen folglich Zahlen mit Kommastellen für eine Verarbeitung als ganze Zahlen aufgefaßt werden. Hierfür wird ein vorhandenes Komma ignoriert und nur mit dem vollständigen Wert gerechnet. Vor dem Ausdrucken eines Rechenergebnisses muß das Komma dann wieder so plaziert werden, daß das Ergebnis stellengerecht ausgegeben wird.
Im folgenden werden einige Übungsbeispiele behandelt und dabei ganzzahlige wie unganzzahlige Werte verarbeitet.
Beispiel 1: Die Daten eines Satzes werden mit einem RDATA-Makro in den Bereich EINB gelesen. Die in den ersten vier Spalten vorhandene Dezimalzahl 1000 soll mittels einer Additionsoperation verdoppelt werden.

3.22. Welche beiden Befehle sind für Letzteres notwendig?

Antwort: ....

Seite A12

Mit PACK und AP kann mit Feldern gearbeitet werden, die sich überlappen oder identisch sind. Unter diesem Aspekt könnte Beispiel 1 folgendermaßen codiert werden:

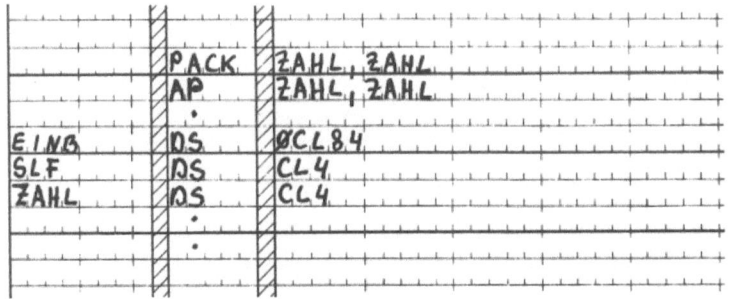

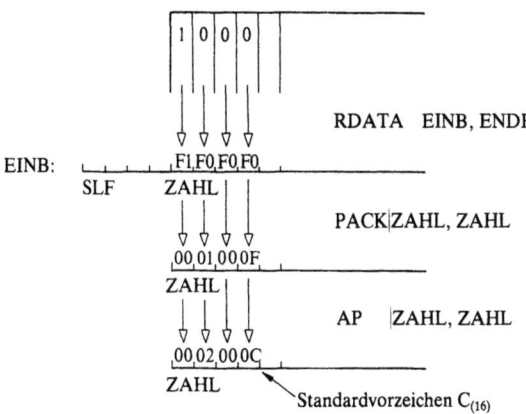

Beachtenswert in diesem Zusammenhang: Nach dem Packen enthält die Dezimalzahl kein Standardvorzeichen $C_{(16)}$, sondern die Verschlüsselung $F_{(16)}$[18].

Der nachfolgende Additionsbefehl interpretiert $F_{(16)}$ als positives Vorzeichen. Nach der Addition wird im Ergebnis das Standardvorzeichen $C_{(16)}$ eingetragen.

---

18 Siehe auch PACK-Befehl Seite A31.

Beispiel 2: Gegeben seien die Rechenfelder REF1 und REF2. Nur mit einem der angebotenen Multiplikationsbefehle können die beiden Feldinhalte multipliziert werden.

```
           MP      REF1,REF2
           oder
           MP      REF2,REF1

REF1       DC      PL3'10'
REF2       DC      P'+5'
```

Nach einer Multiplikation wird das Ergebnis im Feld des 1. Operanden gespeichert. Das bedeutet, daß dieser Bereich groß genug sein muß, um das Ergebnis aufzunehmen. Aus diesem Grund erweist sich nur der Befehl MP |REF1,REF2 als geeignet[19].

Felder vor der Multiplikation: *Felder nach der Multiplikation:*
REF1:   00 01 0C   REF1:   00 05 0C

REF2:   5C   REF2:   5C

Die Schwierigkeiten, die beim Programmieren von dezimalarithmetischen Operationen auftreten, liegen in erster Linie daran, daß die Länge der Rechenfelder exakt bestimmt und das *gedachte Komma bei allen Rechenschritten* beachtet werden muß.

Beispiel 3: In einem Satz ist in den ersten vier Spalten die Dezimalzahl 52,4 und ab Spalte 7 die Zahl 7,9 gespeichert. Die Daten des Satzes werden in den 80 Bytes großen Bereich EINB gelesen. Die beiden Zahlen sollen addiert werden; die resultierende Summe ist danach zu verdreifachen. Das Satzlängenfeld ist nicht zu berücksichtigen.

5	2	,	4			7	,	9	
1	2	3	4	5	6	7	8	9	10

3.23. Welche sedezimale Verschlüsselung haben die ersten 10 Bytes von EINB nach dem Einlesen der Karte?

EINB: ....

Seite A12

---

19 Vgl. Abschnitt 6.2.10: Die Anzahl der Bytes des 1. Operanden, die nur führende Nullen enthalten, muß mindestens gleich der Anzahl der Bytes des 2. Operanden sein.

Die Rechenfelder, die zur Aufgabenlösung benötigt werden, seien R1 und R2. Zunächst sind nun die MVC-Befehle zu codieren, um die beiden Zahlen aus EINB in diese Felder zu transferieren, wobei die Kommata in den Zahlen entfallen müssen.

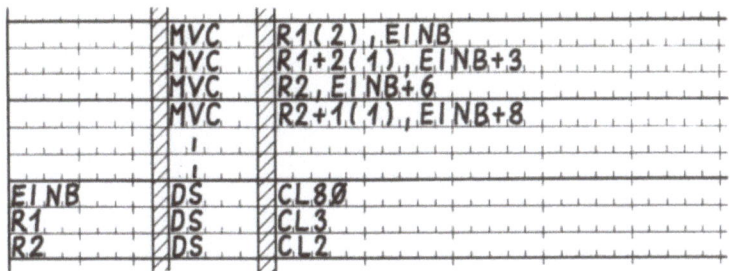

Die Eingangswerte 52,4 und 7,9 stehen jetzt als ganze Zahlen in den Feldern R1 und R2; R1: F5 F2 F4, R2: F7 F9.

> **3.24.** Was muß vor der Addition mit beiden Operanden in R1 und R2 geschehen?
>
> Antwort: ....
>
> Seite A12

Die gestellte Aufgabe kann nun folgendermaßen erweitert werden:

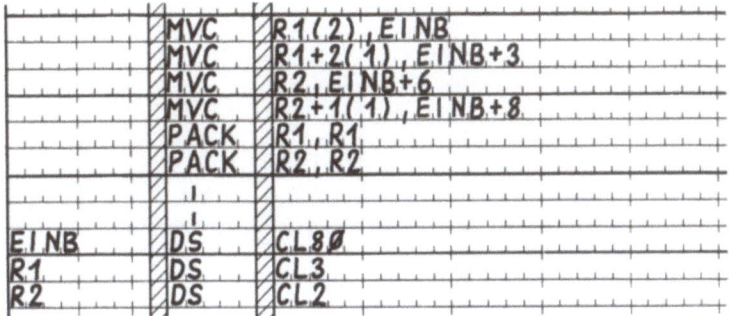

> 3.25. Welchen Inhalt haben die Felder R1 und R2 nach den PACK-Befehlen?
>
> | Feldinhalt von R1 | Feldinhalt von R2 | |
> |---|---|---|
> | F5 F2 F4 | F7 F9 | Vor dem Packen |
> | .... | .... | Nach dem Packen |
>
> Seite A13

Mit dem Befehl AP |R1,R2 werden zunächst die beiden Feldinhalte addiert, und ihre Summe wird in R1 gespeichert. Der Inhalt von R1 lautet nach der Addition 00 60 3C. Der Additionsbefehl erzeugt aus $F_{(16)}$ das Standardvorzeichen $C_{(16)}$. Im nächsten Arbeitsschritt ist die erzeugte Summe mit 3 zu multiplizieren. Dazu muß die Konstante 3 in Form einer gepackten Dezimalzahl definiert werden.

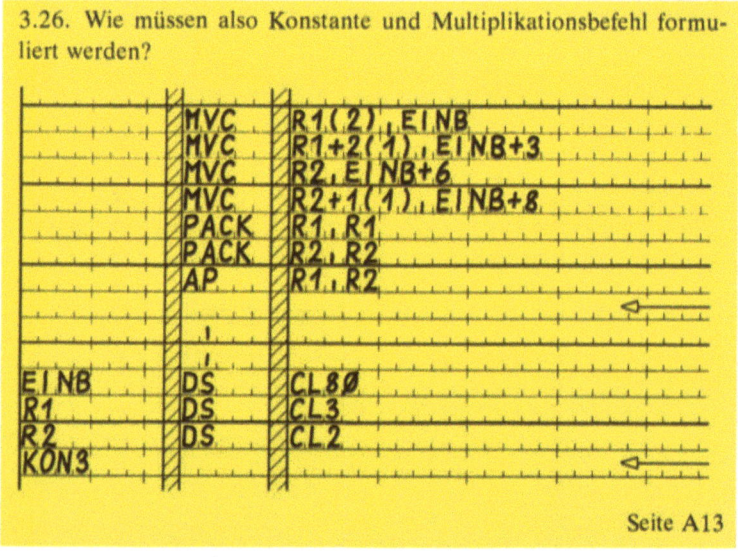

> 3.26. Wie müssen also Konstante und Multiplikationsbefehl formuliert werden?
>
> ```
>           MVC   R1(2),EINB
>           MVC   R1+2(1),EINB+3
>           MVC   R2,EINB+6
>           MVC   R2+1(1),EINB+8
>           PACK  R1,R1
>           PACK  R2,R2
>           AP    R1,R2
>
> EINB      DS    CL80
> R1        DS    CL3
> R2        DS    CL2
> KON3
> ```
>
> Seite A13

Es ist noch zu überlegen, an welcher Stelle des gepackten Endergebnisses sich das *gedachte* Komma befindet.

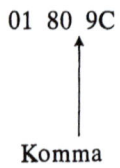

01 80 9C

Komma

Da vor den Rechenoperationen in beiden Zahlen je eine Kommastelle vorlag, verbleibt im Ergebnis demzufolge auch eine Kommastelle.

Das Ergebnis steht gepackt im Arbeitsspeicher. Soll es beispielsweise über den Schnelldrucker ausgegeben werden, ist dieses Format jedoch nicht geeignet. Im gepackten Format sind zwei Ziffern zu einem Byte zusammengefaßt, beim Ausdrucken muß aber jede Ziffer in einem Byte nach dem EBCDI-Code verschlüsselt sein. *Ein Ergebnis muß daher vor dem Ausdrucken aus dem gepackten wieder in das entpackte Format überführt werden.*

3.5.5. Die Befehle UNPK und MVZ

Der Befehl UNPK (Unpack, Entpacken) ermöglicht die Umwandlung einer gepackten Dezimalzahl in das entpackte Datenformat.

Beispiel:

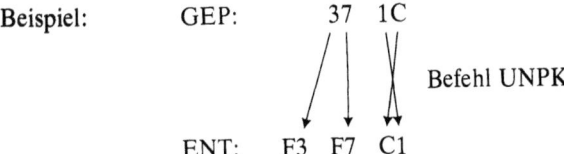

Um die gepackte Dezimalzahl aus dem Feld GEP in das Feld ENT zu entpacken, müßten wir wie folgt programmieren:

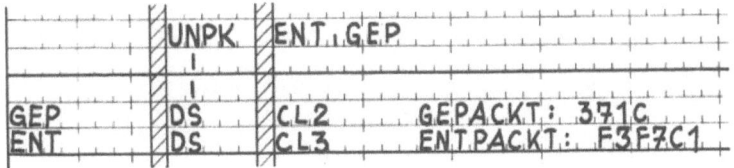

Zu beachten ist, daß der Entpackbefehl bei allen Ziffern die Zonenverschlüsselung F einsetzt, nur im niedrigstwertigen Byte wird das Vorzeichen unverändert in den Zonenteil übernommen. Die entpackte Zahl F3 F7 C1 könnte jetzt theoretisch ausgedruckt werden. Laut EBCDI-Code-Tabelle würde sich dann folgende Klarschrift ergeben:

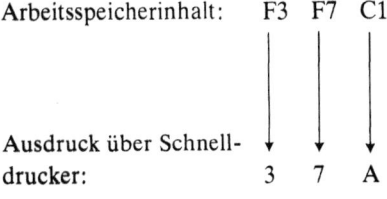

Wie man sieht, ist dieses Ergebnis unbrauchbar. Es liegt daher nahe, das Standardvorzeichen C durch die zum Erhalt der Zahl 1 erforderliche Verschlüsselung F zu ersetzen.

```
                                    F
Arbeitsspeicherinhalt:    F3   F7   ∅1
                          │    │    │
                          │    │    │
Ausdruck über Schnell-    ↓    ↓    ↓
drucker:                  3    7    1
```

Dafür gibt es den speziellen Transferbefehl MVZ (Move Zones). Er ermöglicht die Übertragung von *höherwertigen* Halbbytes aus einem Sendefeld in die höherwertigen Halbbytes eines Empfangsfeldes. In diesem Fall handelt es sich um 1 Halbbyte, das zu *korrigieren* ist.

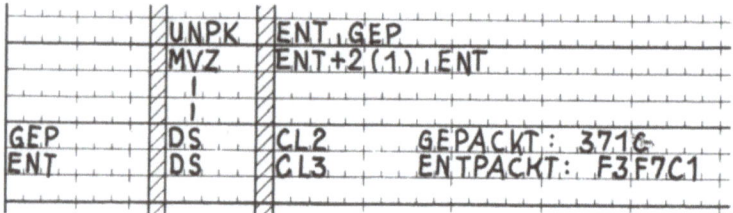

Feldinhalte:

GEP: 37 1C	ENT: xx xx xx			
GEP: 37 1C	ENT: F3 F7 C1	UNPK	ENT, GEP	
GEP: 37 1C	ENT: F3 F7 F1	MVZ	ENT + 2(1), ENT	

3.27. Wie müssen die drei Befehle lauten, um die beiden Zahlen Z1 und Z2 zu addieren und das Ergebnis druckfertig im Bereich ENT abzuspeichern?

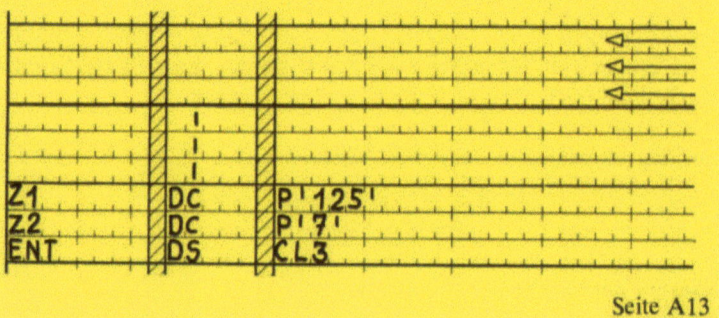

Seite A13

3.5.6. Division und Subtraktion, DP, SP

Zwei weitere dezimalarithmetische Befehle wollen wir noch nachtragen: die Operationen DP und SP. DP ist die mnemotechnische Verschlüsselung des Divisionsbefehls und bedeutet Divide Decimal Packed, SP heißt Subtract Decimal Packed. Analog zum AP-Befehl bei der Addition kann bei einer Subtraktion SP verwendet werden. Hierzu folgendes *Beispiel:*

Dieser Befehl wird – unter Berücksichtigung der algebraischen Vorzeichenregeln – so ausgeführt, daß der Inhalt von ABEL vom Inhalt von KAIN subtrahiert wird.

> 3.28. Welchen Inhalt hat das Ergebnisfeld KAIN daher nach der Ausführung der Subtraktion (vgl. Abschnitt 6.2.9, Seite A34)?
>
> KAIN: ....
>
> Seite A14

Um Divisionsoperationen zu verdeutlichen, wollen wir folgenden Fall betrachten: Die im Bereich DEND stehende gepackte Dezimalzahl 63 (Dividend) soll durch den unter DOR gespeicherten Wert 5 (Divisor) dividiert werden.

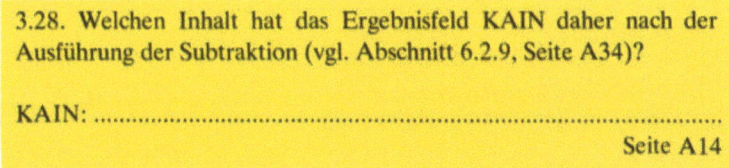

Das Ergebnis – bestehend aus dem Quotienten und einem Rest – wird im 1. Operandenfeld (DEND) gespeichert.

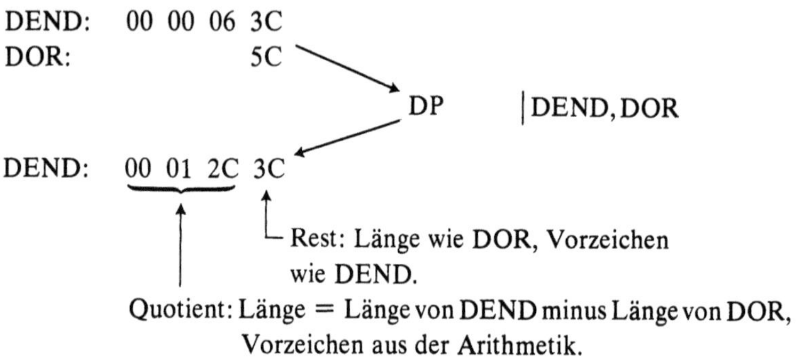

DEND: 00 00 06 3C
DOR: 5C

                         DP |DEND, DOR

DEND: <u>00 01 2C</u> 3C

           └ Rest: Länge wie DOR, Vorzeichen
              wie DEND.
    Quotient: Länge = Länge von DEND minus Länge von DOR,
    Vorzeichen aus der Arithmetik.

Das Ergebnis der Division beträgt 12 Rest 3, entsprechend $12\tfrac{3}{5} = 12{,}6$. Es ist insbesondere vorteilhaft, bei einer Division den Rest 0 entstehen zu lassen, um so das vollständige Ergebnis (12,6) im Quotientenfeld zu erhalten. Damit dies in obigem Beispiel erreicht wird, muß der Dividend vor der Division mit dem Faktor 10 multipliziert werden.

```
         MP      DEND,KON10
         DP      DEND,DOR
         |
         |
DEND     DC      PL4'63'
DOR      DC      P'5'
KON10    DC      P'10'
```

DEND: 00 00 06 3C

                         MP |DEND, KON10

DEND: 00 00 63 0C
DOR: 5C

                         DP |DEND, DOR

DEND: <u>00 12 6C</u> 0C

           └ Rest: 0

    Quotient: 126

        gedachtes Komma ⟶ Ergebnis: 12,6

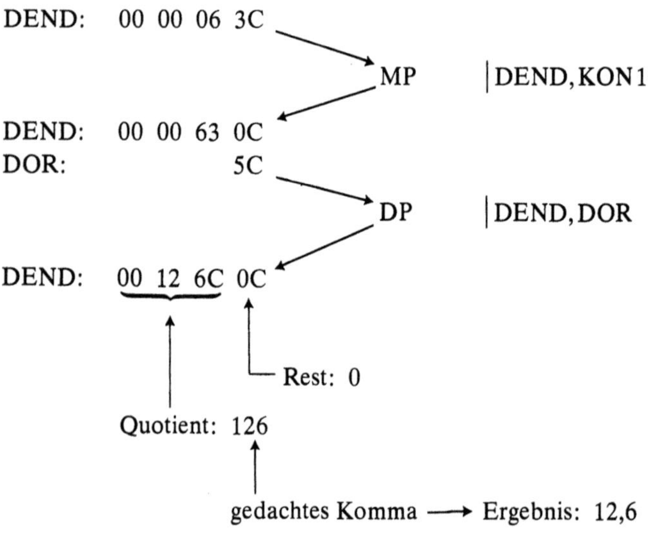

3.29. Unter diesem Aspekt ist die unter Z1 stehende Zahl 17 durch den unter Z2 definierten Wert 4 zu dividieren. Der bei der Division entstehende Rest soll 0 werden, d. h. im Quotientenfeld soll das vollständige Ergebnis stehen.

Hinweis zur Definition von Z1: Für die richtige Ausführung eines DP-Befehls muß der Dividend wenigstens 1 Byte mit führenden Nullen aufweisen.

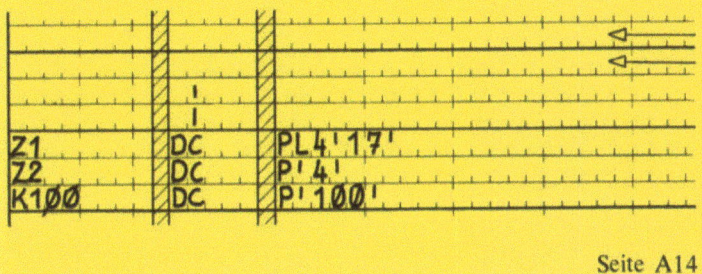

Seite A14

Übungen zu den Kapiteln 1 bis 3

Die Ergebnisse der folgenden Aufgaben sind im Lösungsteil ab Seite A21 zu finden.

1. Welche Angaben enthält eine Adresse in einem Maschinenbefehl?

   Antwort: ....

2. Wo steht während eines Programmablaufs die Basisadresse?

   Antwort: ....

3. Welche Satzarten kann der Makroaufruf RDATA lesen?

   Antwort: ....

4. Welche Satzart liefert RDATA immer im Eingabebereich ab?

   Antwort: ....

5. Wie ist der Satzaufbau von Sätzen, die von RDATA zur Verfügung gestellt werden?

6. Die gepackte Zahl + 5 ist mit den Konstantentypen P und X zu definieren. Wie lauten die Anweisungen dafür?

7. Mit welchem Befehl können Unterprogramme angesprungen werden?

   Antwort: ....

8. Mit welchem Befehl kann von einem Unterprogramm in das Hauptprogramm zurückverzweigt werden?

   Antwort: ....

9. Mit welchem Befehl können höherwertige Halbbytes übertragen werden?

   Antwort: ....

10. Wieviel Bytes belegt der BCR-Befehl im Arbeitsspeicher?

    Antwort: ....

11. Bei welchen Anzeigen wird bei dem Befehl BC |3, ADR nicht gesprungen?

    Antwort: ....

12. Wie lautet der CLI-Befehl, der das letzte Zeichen eines 132 Bytes großen Bereichs AUSB auf Zwischenraum prüft?

13. Wie lang können die Operanden eines AP-Befehls höchstens sein?

    Antwort: ....

14. Welche Feldinhalte werden durch folgende Anweisungen erzeugt?
                                                    Feldinhalte (sedezimal)

    DC | P '1'   ⟶   ....
    DC | P '+1'   ⟶   ....
    DC | P '1.0'   ⟶   ....
    DC | P '+0.1'   ⟶   ....

15.

```
     ┃SP  ┃FELD, KON
     ┃BC  ┃4, END
```

Welche Pseudosprungbefehle können in diesem Programmausschnitt statt des gewählten Sprungbefehls verwendet werden?

Antwort: ....

16. REFE: xx xx xV   Inhalt: eine gepackte Dezimalzahl mit
            ↑   3 Stellen hinter dem Komma.
            | (V ≙ Vorzeichen)
       Gedachtes Komma

Was bewirkt dann der Befehl AP |REFE, REFE + 2(1)?

Antwort: ....

4. Anwendungsfall am Beispiel eines Lohnabrechnungsprogramms

4.1. Aufgabenstellung

Für eine Geschäftsabteilung ist eine Gehaltsabrechnungstabelle per Computer zu erstellen[20]. Die Eingabedaten des zu erstellenden Programms liegen als Plattendatei vor, die Ergebnisse sollen in Form einer Liste über eine Schnelldrucker ausgegeben werden.

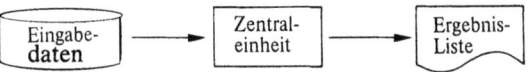

In der abrechnenden Abteilung gibt es für jeden Mitarbeiter einen Stammsatz, in dem sein Name, seine im letzten Monat geleisteten Arbeitsstunden und sein Stundenlohn vermerkt sind.

Aufbau der Stammsätze:

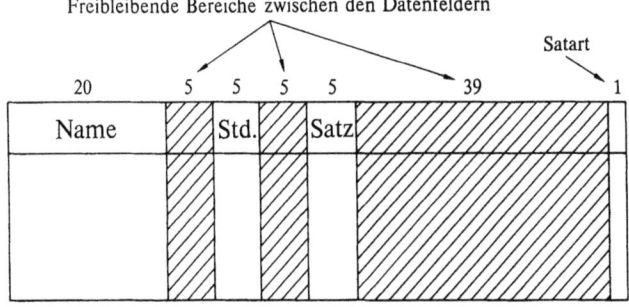

---

20 Die Aufgabe ist hierbei dem bisher erarbeiteten Kenntnisstand angepaßt.

Für den Namen des Mitarbeiters stehen 20 Spalten zur Verfügung. Die Einträge der monatlichen Stunden und des Stundensatzes belegen jeweils 5 Spalten. Führende Nullen sind vorhanden. Die letzte Spalte des Satzes trägt eine Kennzeichnung in Form des Buchstabens L, um Sätze, die nicht zu dieser *Lohndatei* gehören, auszusondern.

Der *erste* Satz der Lohndatei enthält das Datum und den Namen der abrechnenden Abteilung in je einem 10 Spalten-Feld.

10   10

Abteilung	Datum	Freibleibender Bereich
EINKAUF	05.06.1987	

Die vollständige Lohndatei hat folgenden Inhalt:

```
EINKAUF   05.06.1987
AUER PAUL               090,0    07,10                L
BERTEL HINZ             098,0    07,00                L
BRUNNER RAINER          122,0    08,65                L
MUELLER RENATE          110,0    06,95                L
LAUER MAX               130,0    07,00                L
BREUER ELSE             120,0    07,05                L
RAND WOLFGANG           125,0    07,40                L
GRUENER WILLI           120,5    08,00                L
MAHLER WERNER           131,0    07,85                L
SPRINGER LUISE          120,5    07,30                L
SCHMIDT DIETER          117,0    07,80                L
SCHABER BERND           127,5    03,00                L
ACKERMANN WOLFGANG      115,0    07,40                L
WOLF DIETER             121,5    07,60                L
```

Gemäß der Aufgabenstellung soll durch das Programm eine Liste erstellt werden, die wie folgt ausgebaut sei:

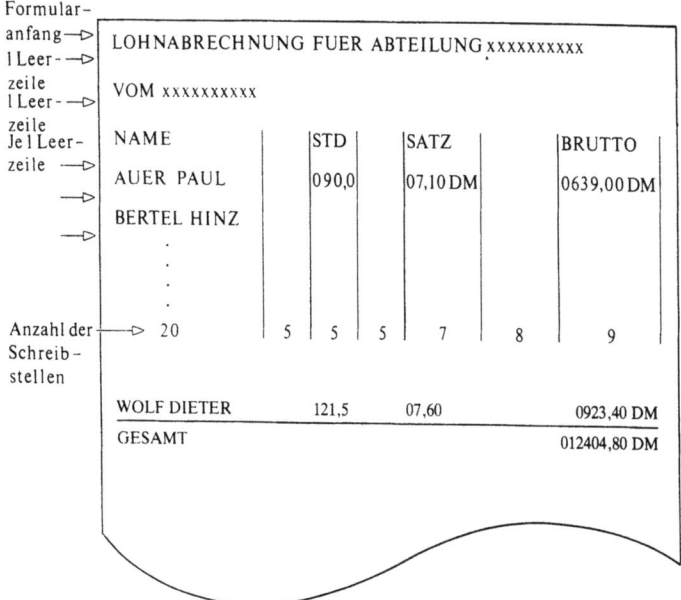

In den ersten beiden Überschriftszeilen (UES1 und UES2) sollen die Angaben des ersten Satzes, der Name der abrechnenden Abteilung und das Abrechnungsdatum eingesetzt werden. Nach einer Leerzeile folgt die Überschrift (UES3) der einzelnen Spalten der Abrechnungsliste; darunter, durch je eine Leerzeile getrennt, die Auflistung der einzelnen Mitarbeiter. Der betreffende Lohn, als Produkt aus *Stunden und Stundensatz,* wird unter BRUTTO angegeben. Die Gesamtsumme der Bruttogehälter ist dann in einer Abschlußzeile (UES4) aufzulisten.

4.2. Programmaufbau, Struktogramm

Die Bearbeitung der Aufgabe wollen wir so durchführen, daß das Struktogramm vorgegeben sei, hingegen die Codierung schrittweise erörtert wird. Im Gegensatz zu vielen anderen Problemen werden wir nicht linear programmieren, sondern die Löschroutine für den Ein-/Ausgabebereich als Unterprogramm aus dem Hauptprogramm herausheben.

Programmaufbau: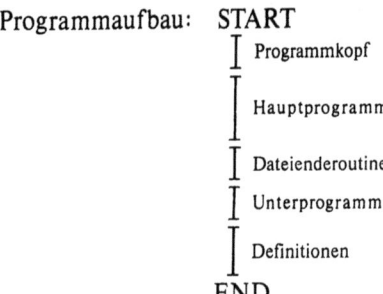

Nach dieser Programmstruktur ist auch das (Grob-)Struktogramm entwikkelt, auf das bei der Codierung Bezug genommen werden soll.

Hauptprogramm

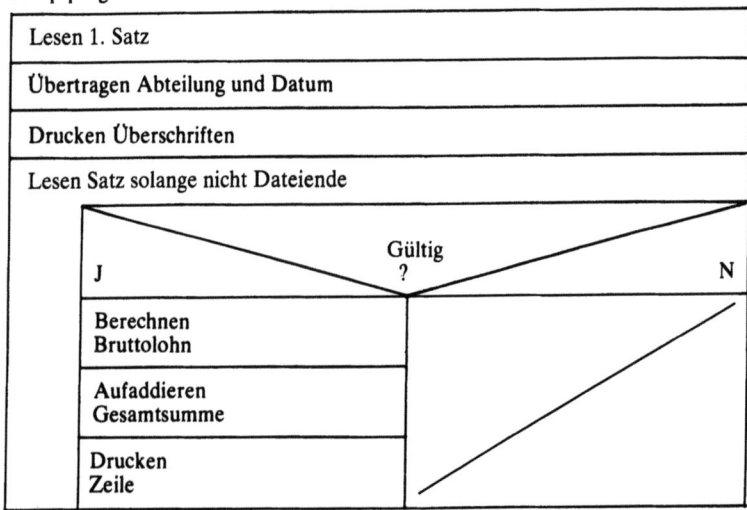

Dateienderoutine

Drucken Strichzeile
Berechnen Gesamtsumme
Drucken Endzeile

Unterprogramm

Löschen Ausgabebereich
Rücksprung

Einzelheiten zum Struktogramm werden bei den verschiedenen Teilaufgaben beschrieben.

4.3. Codierung

Bei der Programmcodierung, bei Fragen und Überlegungen zu der Aufgabenstellung sollte aus arbeitstechnischen Gründen ständig der Anhang zur Unterstützung hinzugezogen werden.

> **4.1.** Ein Assemblerprogramm beginnt in aller Regel mit der START-Anweisung. Was sollte dieser Anweisung aus Gründen der Übersicht folgen?
>
> Antwort: ....
>
> Seite A15

Der Name des Quellprogramms ist GEHALT. Die Eingabedaten befinden sich in der Plattendatei GEHDAT. Die Eingabesätze sind mit dem Makroaufruf RDATA zu lesen. Die Gehaltsliste ist mit WRLST zu erstellen.

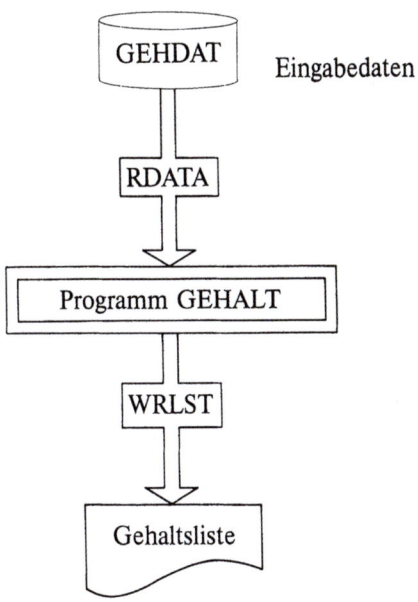

4.2. Ergänzen Sie die Kommentarzeile für das vor dem Ablauf des Programms einzugebende Betriebssystemkommando.

Name	Operation	Operanden und Bemerkungen
GEHALT	START	
*		
* /SYSFILE SYSDTA=.		
*		
		Seite A15

Nun kann das Hauptprogramm codiert werden. Um Programme im Speicher relativ zu adressieren, muß bei der Programmierung ein Basisregister zugewiesen und zum späteren Laden vorgesehen werden.

4.3. In diesem Programm soll das Mehrzweckregister 4 als Basisregister verwendet werden. Wie lauten demnach die ersten beiden Zeilen im Hauptprogramm?

Name	Operation	Operanden und Bemerkungen
GEHALT	START	
*		
* /SYSFILE SYSDTA=GEHDAT		
*		
************************************		
*		HAUPTPROGRAMM *
************************************		
ANF		⇐
		⇐
		Seite A17

Vor der Codierung des Einlesens des ersten Satzes und der Ausgabe der ersten drei Überschriften müssen noch einige Felder und Konstanten definiert werden.

4.4. Eingabebereich (EINB), Ausgabebereich (DRUCK) und die ersten drei Überschriften (UES1, UES2, UES3) sind zu definieren. EINB und DRUCK (einschl. der Satzlängenfelder und des Steuerbytes) sollen mittels Feldunterteilung so definiert werden, daß auf die Felder NAME, ABT, DATUM, STD, SATZ, SART sowie BRUTTO direkt zugegriffen werden kann (Aufbau der Datensätze siehe Seite 61 ff.) Die Überschriftszeilen UES1 und UES2 bestehen aus festem Text und je einer Variablen für Abteilung bzw. Datum.

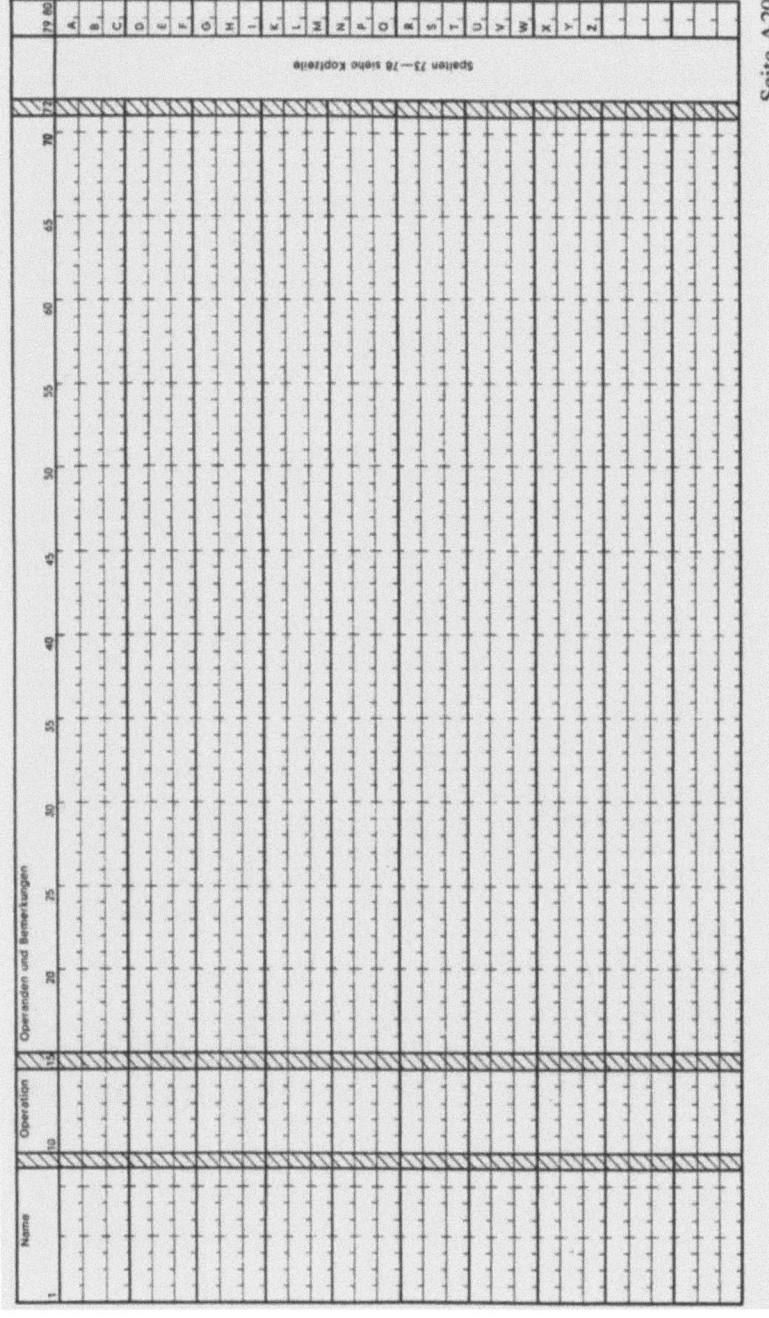

Seite A20

4.5. Jetzt können der angedeutete Teil des Hauptprogramms und das Unterprogramm codiert werden. Für die Unterprogrammverzweigungen ist das Mehrzweckregister 7 zu verwenden.

Struktogramm
Hauptprogramm

Laden Basisregister
(UPR)
Lesen 1. Satz ← { aus didaktischen Gründen entfällt beim Lesen des 1. Satzes die Plausibilitätskontrolle
Abteilungsnahme → UES1
UES1 → AUSB
Druckersteuerzeichen für Seitenvorschub → STB
Drucken 1. Überschrift
(UPR)
Datum → UES2
UES2 → AUSB
Druckersteuerzeichen für »1 Zeile vor dem Drucken« → STB
Drucken 2. Überschrift
(UPR)
UES3 → AUSB
Drucken 3. Überschrift

Hinweise:

Das Struktogrammsymbol (UPR) kennzeichnet einen Unterprogrammsprung.

Unterprogramm UPR

Löschen AUSB
Rücksprung

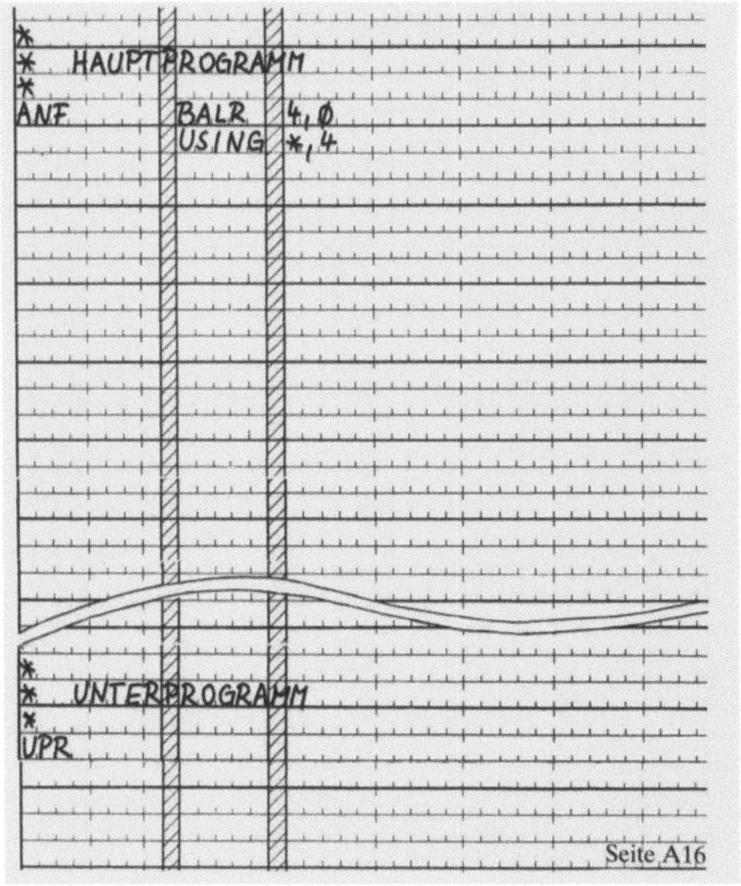

```
*
*   HAUPTPROGRAMM
*
ANF     BALR    4,0
        USING   *,4
```

```
*
*   UNTERPROGRAMM
*
UPR
```

Seite A16

Entsprechend dem Struktogramm auf Seite 64 muß jetzt ein Datensatz gelesen und auf Gültigkeit geprüft werden.

4.6. Nun ist das Einlesen einer Datenkarte mit anschließender Plausibilitätskontrolle zu codieren.

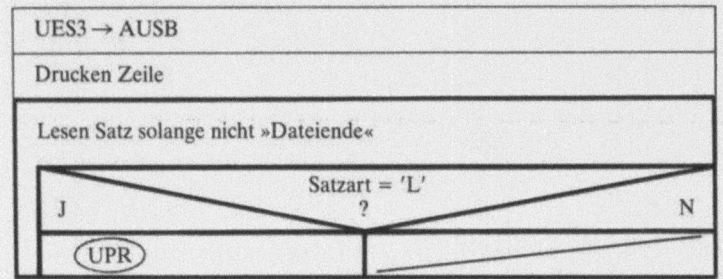

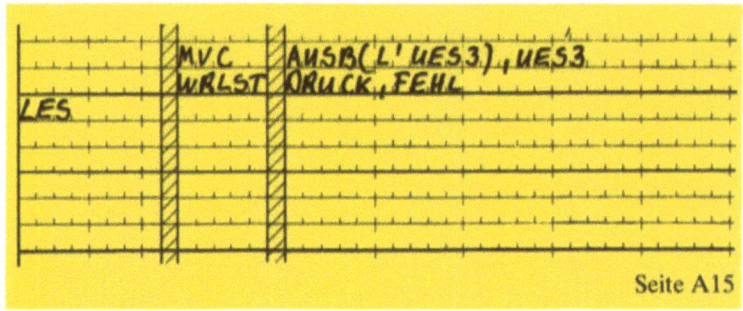

Seite A15

Wie sind nun die für den Rechenteil notwendigen Rechenfelder zu bestimmen? Die folgenden Überlegungen machen das deutlich: Die Eingabedaten (Stunden und Satz) liegen bekanntlich im entpackten Format vor und müssen vor der Verarbeitung gepackt werden. Nach der Multiplikation und nach Erhalt der Gesamtsumme der Bruttolöhne müssen alle Ergebnisse wieder entpackt und zum Ausdruck aufbereitet werden. Die Felder STD und SATZ belegen in den Sätzen je fünf Spalten und damit nach dem Einlesen 5 Bytes im Speicher.

Beispiel: 179,5 Stunden ⟶ F1 F7 F9 6B F5
bei einem Stundensatz von 10,85 DM → F1 F0 6B F8 F5

Aus diesem Beispiel geht bereits hervor, daß die Kommata zur Verarbeitung eliminiert werden müssen. Das erfolgt am günstigsten dadurch, daß bei STD das fünfte Byte und bei SATZ das vierte und fünfte Byte um eine Stelle nach links verschoben werden.

Beispiel:
      179,5 Stunden   10,85 Satz
STD: F1 F7 F9 6B F5   SATZ: F1 F0 6B F8 F5 In EINB
STD: F1 F7 F9 F5 F5   SATZ: F1 F0 F8 F5 F5 Vor PACK
REF1: 00 00 00 01 79 5F REF2: 01 08 5F   Nach PACK
REF1: 00 00 19 47 57 5C   Nach MP

Nach dem Packen belegen beide Zahlen noch 3 Bytes. Da der erste Faktor für die Multiplikation – hier in REF1 – so viele Bytes mit führenden Nullen aufweisen muß, wie der zweite Faktor in Bytes groß ist, werden für REF1 also 6 Bytes gebraucht.
Zunächst sind nur die Inhalte von STD und SATZ im Eingabebereich so zu verändern, daß die Kommata eliminiert werden. Dann werden die beiden Werte direkt nach REF1 und REF2 gepackt und dort verarbeitet.

4.7. Unter diesem Aspekt soll folgende Programmroutine erstellt werden.

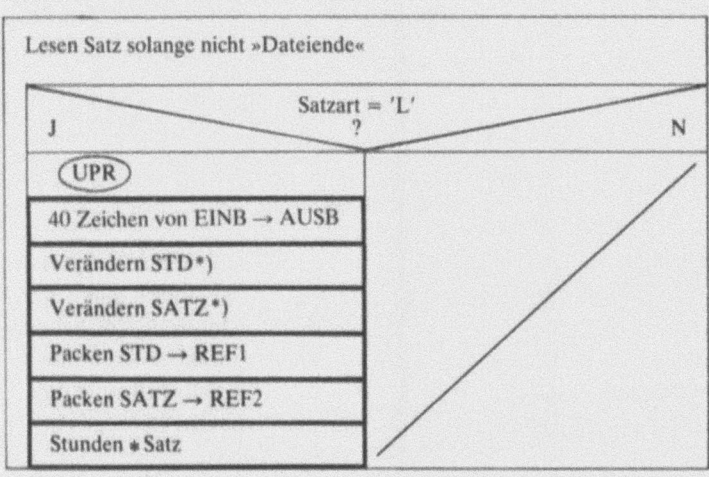

*) d.h. bei STD wird das fünfte Byte und bei SATZ das vierte und fünfte Byte um eine Stelle nach links verschoben.

```
LES         RDATA   EINB,EMOE
            CLI     SART,C'L'
            BNE     LES
            BAL     7,UPR




*
*   DEFINITIONEN
*
EINB        DS      0CL84
SLF         DS      CL2
            DS      CL2
NAME        *
            *
            *
REF1        DS      CL6
REF2        DS      CL3
```

Seite A18

Das Ergebnis der Multiplikation steht in dem 6 Bytes großen Bereich REF1. Da die Eingabedaten »Stunden« und »Satz« zusammen drei Kommastellen aufweisen, liegen auch bei dem Ergebnis drei gedachte Kommastellen vor.

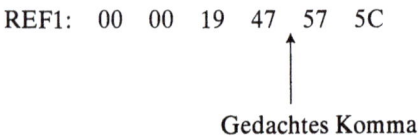

Gedachtes Komma

Die dritte Stelle nach dem Komma kann bei Geldbeträgen ausgelassen werden; es ist daher zu runden. Dies läßt sich recht einfach durch Addition des letzten Bytes auf das gesamte Rechenfeld erreichen. Falls die letzte Ziffer gleich oder größer ist als 5, tritt durch die Addition ein Überlauf in das höherwertige Byte ein – in diesem Fall wird aufgerundet. Ist die letzte Ziffer hingegen kleiner als 5, dann tritt kein Überlauf ein – es wird abgerundet.

Da der Bruttolohn jedes einzelnen Lohnempfängers durch Addition auf eine *Gesamtsumme* weiterverarbeitet werden soll, muß auf alle Fälle nach dem Runden die letzte Ziffer zu Null gemacht werden – z. B. mit einem MVZ-Befehl.

4.8. Die Produktrundung, die Korrektur der letzten Stelle und das Aufaddieren zur Bildung der Gesamtsumme (SUMME) können jetzt codiert werden. Die erforderliche Null für die Korrektur soll dabei direkt aus dem Feld REF1 entnommen werden.

Stunden * Satz
Produkt runden
Letzte Ziffer des Produkts auf Null setzen
Produkt auf SUMME addieren

```
                MP    REF1,REF2



                MP    REF1,REF2





*
* DEFINITIONEN
*
EINB    DS    0CL84
SLF     DS    CL2
        DS    CL2
NAME    .
        .
        .
REF1    DS    CL6
REF2    DS    CL3
SUMME   DC    PL6'0'
```

Seite A17

Wenn das in REF1 stehende Ergebnis (Bruttolohn) ausgedruckt werden soll, muß es zuvor entpackt werden. Dazu benötigen wir ein weiteres Hilfsfeld. Im Gegensatz zum Packen kommen wir bei Entpackoperationen *nicht* mit ein und demselben Bereich aus. Es ist also grundsätzlich nicht möglich, in das gleiche Feld zu entpacken.

Vor der Programmierung des nächsten Teilstückes ist noch folgendes zu beachten:

a) Bei der Festlegung der Länge des Hilfsfeldes, das ENTR genannt werden soll, ist es wesentlich, daß das gepackte Ergebnis nur die rechten 4 Bytes von REF1 belegt.

b) Zur Aufbereitung des abdruckbaren Ergebnisses sind ein Komma und die Benennung DM als Konstanten zu definieren.

c) Im Bereich AUSB stehen bereits die ersten 40 Bytes des letzten eingelesenen Satzes zur Ausgabe bereit.

4.9.

Letzte Ziffer des Produkts auf Null
Produkt auf SUMME addieren
Bruttolohn entpacken nach ENTR
Bruttolohn von ENTR → BRUTTO
BRUTTO aufbereiten
'DM' → AUSB + 40
Drucken Zeile

↳ Rücksprung nach „Lesen Satz"

```
         MVZ    REF1+5(L'REF1-5),REF1
         AP     SUMME,REF1




*
* DEFINITIONEN
*
EINB     DS     0CL84
SLF      DS     CL2
         DS     CL2
NAME     *

         *
REF1     DS     CL6
REF2     DS     CL3
SUMME    DC     PL6'0'
ENTR
KOMMA
DM
```

Seite A19

Zur Fertigstellung des Lohnabrechnungsprogramms benötigen wir nun noch die Dateienderoutine. Dort soll eine *Strichzeile* gedruckt, die Gesamtsumme entpackt und die Abschlußzeile ausgegeben werden. Zur Aufnahme der entpackten Gesamtsumme diene das Feld ENTS, der Text der Abschlußzeile habe die symbolische Adresse UES4.

Dateienderoutine:

Strichzeile in AUSB erzeugen
Druckersteuerzeichen für 0 Zeilen vor dem Drucken → STB
Drucken Zeile
(UPR)
Entpacken SUMME
UES4 → AUSB
Aufbereiten SUMME → AUSB
Drucken Zeile
Programmende

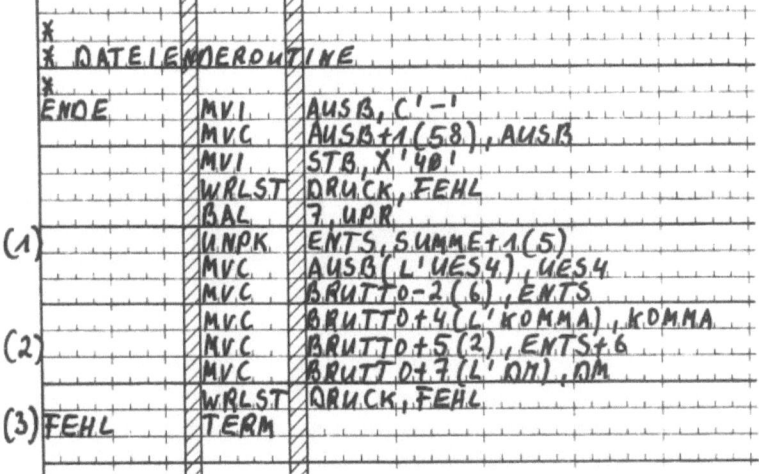

Erläuterungen:

(1) Der Gesamtbruttolohn der Geschäftsabteilung liege unter 1 Million DM. Dann müssen nur die rechten 5 Bytes des Bereichs SUMME entpackt werden. Für diesen Fall ist ENTS 9 Bytes lang zu wählen.

(2) Die letzte Zehntel-Pfennig-Stelle ist unbedeutend, denn diese hat den Wert Null.

(3) Tritt bei WRLST ein Fehler auf, so wird das Programm sofort beendet.

4.4. Assemblierung und Programmlauf

Nachfolgend sind der Datenflußplan, die Eingabedaten, die Ergebnisliste, der Programmablaufplan und das Übersetzungsprotokoll des Übungsbeispiels »Gehaltsabrechnung« zusammenfassend dargestellt. Das Quellprogramm wurde mit einem Siemens-Computer 7.571 unter Steuerung des Betriebssystems BS2000 übersetzt und zum Ablauf gebracht.

Datenflußplan:

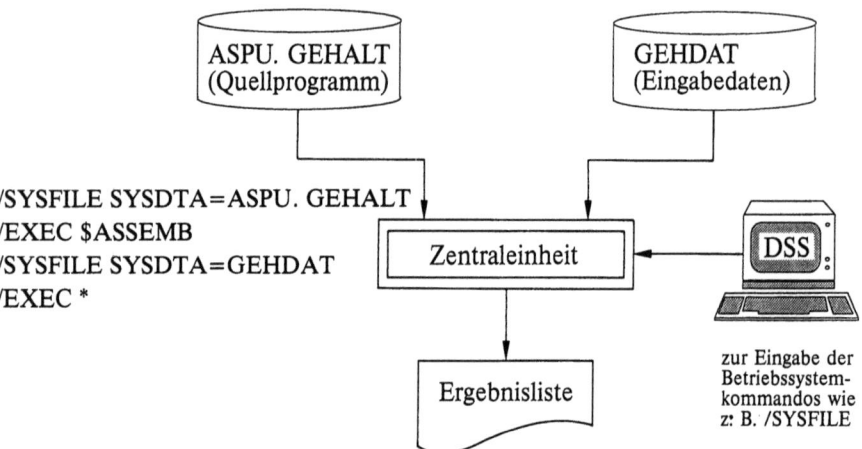

/SYSFILE SYSDTA=ASPU. GEHALT
/EXEC $ASSEMB
/SYSFILE SYSDTA=GEHDAT
/EXEC *

zur Eingabe der Betriebssystemkommandos wie z: B. /SYSFILE

Der Assembler als Übersetzer erwartet das zu übersetzende Quellprogramm grundsätzlich von der logischen Systemdatei SYSDTA. Darum muß vor der Übersetzung die Datei mit dem Quellprogramm (ASPU.GEHALT) der Datei SYSDTA zugeordnet werden. Das übersetzte und ablauffähige Programm (Objektmodul) wird vom Assembler in einem Bereich abgelegt, der mit * angesprochen werden kann. Vor Ablauf des Programms muß dann noch die Datei GEHDAT (Eingabedaten) SYSDTA zugeordnet werden, da im Programm die Eingabedaten mit dem Makroaufruf RDATA gelesen werden.

Die Eingabedatei hat folgenden Inhalt:

```
EINKAUF    05.06.1987
AUER PAUL              090,0    07,10          L
BERTEL HINZ            098,0    07,00          L
BRUNNER RAINER         122,0    08,65          L
MUELLER RENATE         110,0    06,95          L
LAUER MAX              130,0    07,00          L
BREUER ELSE            120,0    07,05          L
RAND WOLFGANG          125,0    07,40          L
GRUENER WILLI          120,5    08,00          L
MAHLER WERNER          131,0    07,85          L
SPRINGER LUISE         120,5    07,30          L
SCHMIDT DIETER         117,0    07,80          L
SCHABER BERND          127,5    08,00          L
ACKERMANN WOLFGANG     115,0    07,40          L
WOLF DIETER            121,5    07,60          L
```

Ergebnisliste

LOHNABRECHNUNG FUER ABTEILUNG EINKAUF

VOM 05.06.1987

NAME	STD	SATZ	BRUTTO
AUER PAUL	090,0	07,10DM	0639,00DM
BERTEL HINZ	098,0	07,00DM	0686,00DM
BRUNNER RAINER	122,0	08,65DM	1055,30DM
MUELLER RENATE	110,0	06,95DM	0764,50DM
LAUER MAX	130,0	07,00DM	0910,00DM
BREUER ELSE	120,0	07,05DM	0846,00DM
RAND WOLFGANG	125,0	07,40DM	0925,00DM
GRUENER WILLI	120,5	08,00DM	0964,00DM
MAHLER WERNER	131,0	07,85DM	1028,35DM
SPRINGER LUISE	120,5	07,30DM	0879,65DM
SCHMIDT DIETER	117,0	07,80DM	0912,60DM
SCHABER BERND	127,5	08,00DM	1020,00DM
ACKERMANN WOLFGANG	115,0	07,40DM	0851,00DM
WOLF DIETER	121,5	07,60DM	0923,40DM
GESAMT			012404,80DM

Struktogramm
Hauptprogramm

Laden Basisregister
(UPR)
Lesen 1. Satz
Abteilungsname → UES1
UES1 → AUSB
Druckersteuerzeichen für Seitenvorschub → STB
Drucken 1. Überschrift
(UPR)
Datum → UES 2
UES2 → AUSB
Druckersteuerzeichen für 1 Zeile vor dem Drucken → STB
Drucken 2. Überschrift
(UPR)
UES3 → AUSB
Drucken 3. Überschrift

Lesen Satz solange nicht Dateiende

J	Kartenart = 'L' ?	N
(UPR)		
40 Zeichen von EINB → AUSB		
Verändern STD		
Verändern SATZ		
Packen STD → REF1		
Packen SATZ → REF2		
Stunden ∗ Satz		
Produkt runden		

Letzte Ziffer des Produkts auf Null setzen
Produkt auf SUMME addieren
Bruttolohn entpacken nach ENTR
Bruttolohn von ENTR → BRUTTO
BRUTTO aufbereiten
'DM' → AUSB + 40
Drucken Zeile

Dateienderoutine

Strichzeile in AUSB erzeugen
Druckersteuerzeichen für 0 Zeilen v. d. Dr. → STB
Drucken Zeile
(UPR)
Entpacken SUMME
UES4 → AUSB
Aufbereiten SUMME → AUSB
Drucken Zeile
Programmende

Unterprogramm UPR

Löschen AUSB
Rücksprung

GEHALTSABRECHNUNG

```
FLAG LOCTN OBJECT CODE      ADDR1    ADDR2   STMNT M  SOURCE STATEMENT

000000                                          1     GEHALT   START
                                                2              PRINT NOGEN
                                                3              TITLE 'GEHALTSABRECHNUNG'
                                                4     *
                                                5     ******* /SYSFILE SYSDTA=GEHDAT ********
                                                6     *
                                                7     **************************************
                                                8     *       H A U P T P R O G R A M M    *
                                                9     **************************************
000000 05 40                                   10     ANF      BALR  4,0
000002                                         11              USING *,4
000002 45 70 416C              0016E           12              BAL   7,UPR
000006 4273417C         000275 00017E          13              RDATA EINB,ENDE
       41D14255         0001D3 000257
000020 D2 09                   00017E          33              MVC   UES1ABT,ABT                ABTEILUNG -> 1. UEBERSCHRIFT
000026 D2 27                   0001D3          34              MVC   AUSB(L'UES1),UES1          1.SEITUEBERSCHRIFT -> AUSB
       41D14255
00002A 92 C1            000102                 35              MVI   STB,X'C1'                  DRUCKVORSCHUB
00002E                                         36              WRLST DRUCK,FEHL                 DRUCKEN ZEILE
00003A 45 70 416C              0016C           43              BAL   7,UPR
00003E D2 09                   000188          44              MVC   UES2+4(L'DATUM),DATUM      DATUM -> UEBERSCHRIFT
       42814186
000044 D2 0D                   00027F          45              MVC   AUSB(L'UES2),UES2          2.UEBERSCHRIFT -> AUSB
       41D14270
00004A 92 41            0001D2                 46              MVI   STB,X'41'                  VORSCHUB 1 ZEILE VOR DEM DR.
00004E                                         47              WRLST DRUCK,FEHL                 DRUCKEN ZEILE
00005E 45 70 416C              0016C           54              BAL   7,UPR                      SPRINGEN ZU UPR
000062 D2 37                   000103          55              MVC   AUSB(L'UES3),UES3          3.UEBERSCHRIFT -> AUSB
       41D1428B
000068                                         56              WRLST DRUCK,FEHL                 DRUCKEN ZEILE
000076 4273417C                00028D          63              RDATA EINB,ENDE                  LESEN SATZ -> EINB
00008A 95 D3            0001CD                 83     LES      CLI   SART,C'L'                  SATZART= 'L' ???
00008E 4876                                    84              BNE   *                          WENN NEIN, NAECHSTEN SATZ LESEN
000092 45 70 416C              0016C           85              BAL   7,UPR                      WENN JA, SPRUNG NACH UPR
000096 D2 27                   00017E          86              MVC   SAT2(40),NAME              40 ZEICHEN AB NAME -> AUSB
       41D1417C         000199
00009C D2 01                   00019B          87              MVC   STD-3(2),SATZ+3            KOMMA IN STD ELIMINIEREN
       41A14142         0001A3
0000A2 D2 01                   000197          88              MVC   SATZ+2(2),SATZ+3           KOMMA IN SATZ ELIMINIEREN
       42C94195
0000A8 F2 53                   0001A1          89              PACK  STD,SATZ(L'STD-1)          STD PACKEN NACH REF1
       42CF419F
0000AE F2 50                   0001D1          90              PACK  REF,SATZ(L'SATZ-1)         SATZ PACKEN NACH REF2
       42C941A1
0000B4 FC 58                   0001D9          91              MP    REF1,REF2                  MULTIPLIKATION STD * SATZ
       42C941CF
0000BA FA 03                   0001D9          92              AP    REF1,REF1+5(L'REF1-5)      RUNDEN
       42DE41CF
0000C0 D3 05                   0001CB          93              MVZ   SUMME,REF1                 NULL ALS LETZTE ZIFFER IN REF1
       42DF41C9
0000C6 F3 63                   0001CB          94              UNPK  REF1,REF1+5(L'REF1-5),REF1 ENTPACKEN NACH ENTR
       42D341C9
0000CC D2 03                   0001CD          95              MVC   ENTR,REF1+2(4)             4 ZIFFERN VON ENTR -> AUSB
       42B342D8
0000D2 D2 00                   0002DA          96              MVC   BRUTTO(4),ENTR+4           2 KOMMASTELLEN VON ENTR -> AUSB
       42B342DF
0000D8 D2 03                   0002CB          97              MVC   BRUTTO+5(2),ENTR+4         ZEICHEN , -> AUSB
       428342DF
0000DE D2 00                   0002CD          98              MVC   BRUTTO+4(L'KOMMA),KOMMA    DM -> AUSB HINTER BRUTTO
       428742CF
0000E4 D2 02                   0002E1          99              MVC   BRUTTO+7(L'DM),DM          DM -> HINTER SATZ
       42BA42E8
0000EA D2 01                   0002E2         100              MVC   SATZ+40(L'DM),DM
       41F942E8
0000F0                                        101              WRLST DRUCK,FEHL                 DRUCKEN ZEILE
0000FE 47 F0 4076              00078         108              B     LES                         SPRUNG ZU LES
                                              109     ****** ENDE HAUPTPROGRAMM ***************
```

GEHALTSABRECHNUNG   07:13:38 87-06-12   PAGE 0003

FLAG LOCTN OBJECT CODE   ADDR1   ADDR2   STMNT M SOURCE STATEMENT

```
                                        110            ***************************************
                                        111            * DATEIENDEROUTINE FUER RDATA
                                        112            ***************************************
000102 92 60 41D1        0001D1         114       ENDE  MVI   AUSB,C'-'              UNTERSTREICHUNGSZEILE IN AUSB
000106 D2 39 41D241D1    0001D4 0001D2  115             MVC   AUSB+1(58),AUSB        ERZEUGEN
00010C 92 40 41D0        0001D2         116             MVI   STB,X'40'              VORSCH. 0 ZEILEN V.D. DR.
000110                                  117             WRLST DRUCK,FEHL             UNTERSTEICHUNGSZEILE DRUCKEN
00011E 45 70 416C        00016C         123             BAL   7,UPR
000122 F3 84 42E242D3    0002E4 0002D5  124             UNPK  ENTS,SUMME+1(5)        SUMME ENTPACKEN -> ENTS
000128 D2 05 41D142C3    0001D3 0002C5  125             MVC   AUSB(L'UES4),UES4      SCHLUSSZEILE -> AUSB
00012E D2 05 420142E4    000209 0002E4  126             MVC   BRUTTO-2(6),ENTS       6 ZIFFERN VON ENTS -> AUSB
000134 D2 00 420742DF    00020F 0002DF  127             MVC   BRUTTO+5(2),ENTS+6     2 KOMMASTELLEN VON ENTS -> AUSB
000140 D2 01 420A42E8    00020A 0002EA  128             MVC   BRUTTO+7(L'DM),DM      DM -> AUSB
000148 D2 01 420A42E0    00020A 0002E2  129             MVC   BRUTTO+7(L'DM),DM      ZEICHEN -> AUSB
000146                                  130             WRLST DRUCK,FEHL             SCHLUSSZEILE DRUCKEN
000156                                  137       FEHL  TERM                         PROGRAMMENDE BEI FEHLER IM WRLST
                                        149                                          UND BEI DATEIENDE DURCH RDATA
                                        150            ***************************************
                                        151            * UNTERPROGRAMM   U P R
                                        152            ***************************************
00016E 92 40 41D1        0001D3         153       UPR   MVI   AUSB,C' '              ERSTES BYTE VON AUSB=' '
000172 D2 82 41D241D1    0001D4 0001D3  154             MVC   AUSB+1(L'AUSB-1),AUSB  AUSB LOESCHEN
000178 07 F7                            155             BR    7                      RUECKSPRUNG ZUR ADR IN REG 7
                                        156            ***************************************
                                        157            * ENDE VOM UNTERPROGRAMM  U P R  *
                                        158            ***************************************
```

```
GEHALTSABRECHNUNG                                                          07:13:38  87-06-12   PAGE 0004

FLAG LOCTN  OBJECT CODE        ADDR1   ADDR2   STMNT  M  SOURCE STATEMENT

                                                 159      ****************************
                                                 160      *     D E F I N I T I O N E N  *
                                                 161      ****************************
                                                 162      *
                                                 163      * EINGABEBEREICH
                                                 164      *
000017A                                          165      EINB      DS    0CL84         EINGABEBEREICH FUER RDATA
000017A                                          166      SLF       DS    CL2           SATZLAENGE
00017C                                           167                DS    CL20          RESERVIERT
00017E                                           168      NAME      DS    0CL20         NAMENSFELD
000188                                           169      ABT       DS    CL10          ABTEILUNG
000192                                           170      DATUM     DS    CL10          DATUMSFELD
000197                                           171                DS    CL5           FREIER BEREICH
00019C                                           172      STD       DS    CL5           GELEISTETE STUNDEN
0001A1                                           173                DS    CL5           FREIER BEREICH
0001A6                                           174      SATZ      DS    CL39          STUNDENSATZ
0001CD                                           175                DS    CL1           FREIER BEREICH
                                                 176      SART      DS    CL1           SATZART
                                                 177      *
                                                 178      * AUSGABEBEREICH
                                                 179      *
0001CE 0089                                      180      DRUCK     DC    Y(DRUCKEND-DRUCK)  SATZLAENGENFELD FUER WRLST
0001D0                                           181                DS    CL2           RESERVIERT
0001D2                                           182      STB       DS    CL1           STEUERBYTET
0001D3                                           183      AUSB      DS    0CL132        AUSGABEBEREICH
0001D3                                           184                DS    CL50          50 SPALTEN BIS ZUM FELD BRUTTO
000205                                           185      BRUTTO    DS    CL9           FELD FUER PRODUKT AUS STD*SATZ
00020E                                           186                DS    CL73          REST DES AUSGABEBEREICHES
              000257                             187      DRUCKEND  EQU   *             GLEICHSETZEN MIT ADRESSPEGEL
                                                 188      *
                                                 189      * UEBERSCHRIFTEN
                                                 190      *
000257                                           191      UES1      DS    0CL40
000257 D3D6C8D5C1C2D9C5                          192      UES1TEXT  DC    C'LOHNABRECHNUNG FUER ABTEILUNG '
000275                                           193      UES1ABT   DS    CL10
000275 0CL14                                     194      UES2      DS    0CL14
00027F E5D6D440                                  195      UES2TEXT  DC    C'VOM '
000283                                           196      UES2DAT   DS    CL10
00028D D5C1D4C54040404040                        197      UES3      DC    C'NAME                TO'
                                                                                                STD       SATZ          BRUT*
00028C C7C5E2C1D4E3                              198      UES4      DC    C'GESAMT'    TEXT DER SCHLUSSZEILE
```

GEHALTSABRECHNUNG

FLAG	LOCTN	OBJECT CODE	ADDR1	ADDR2	STMNT	M	SOURCE STATEMENT	
					199		*	
					200		* RECHENFELDER	
					201		*	
	0002CB				202		REF1 DS CL6	RF FUER STUNDEN
	0002D1				203		REF2 DS CL3	RF FUER STUNDENSATZ
	0002D4	0000000000C			204		SUMME DS PL6'0'	SUMMENFELD FUER GESAMTBRUTTOLOHN
	0002DA				205		ENTR DS CL7	HILFSFELD FUER BRUTTOLOHN
	0002E1	6B			206		KOMMA DC C','	KONSTANTE FUER DAS ZEICHEN ,
	0002E2	C4D4			207		DM DC C'DM'	KONSTANTE FUER DIE ZEICHEN DM
	0002E4				208		ENTS DS CL9	FELD FUER DIE ENTP. GESAMTSUMME
	000000				209		END ANF	

FLAGS IN 00000 STATEMENTS, 000 PRIVILEGED FLAGS, 000 MNOTES

HIGHEST ERROR-WEIGHT : -

THIS PROGRAM WAS ASSEMBLED BY THE SIEMENS ASSEMBLER (F) V29.1B10   CORR LEVEL: -

SYSTEM MACROLIBRARY : MACROLIB

ASSEMBLY TIME :   1.4105 SEC.

4.5. PRINT, TITLE

Das Übersetzungsprotokoll enthält noch einige Anweisungen, die einer Klärung bedürfen.

PRINT in STMNT2: Mit der Assembleranweisung PRINT wird die Ausgabe des Übersetzungsprotokolls durch Parameter gesteuert. Der Parameter NOGEN (No Generation, keine Erzeugung) unterdrückt im Protokoll die Auflistung dessen, was für die Makros im Quellprogramm eingesetzt wird. Dadurch wird das Listing übersichtlicher.

TITLE in STMNT3: bewirkt, daß der in Hochkommata angegebene Text (maximal 97 Zeichen) im Operandenfeld auf jede Seite des Assemblerprotokolls gedruckt wird. Somit wird eine Kennzeichnung des Listings erreicht.

Jeder Eintrag in einer Quellprogrammzeile, die in Spalte 1 mit * beginnt, wird bei der Übersetzung als Bemerkung (Kommentar) aufgefaßt. Diese Einträge werden nicht mitübersetzt, sondern lediglich im Listing protokolliert.

Die Abschlußzeilen geben Auskunft über die Anzahl der formalen Fehler im Quellprogramm, die Versionsnummer des Assemblers unter dem die Assemblierung ablief und die benötigte Übersetzungszeit.

Ausblick

Bislang wurden Festpunktarithmetik, Adreßrechnung und explizite Adressierung, Indexadressierung sowie die Befehle EDIT und TR noch nicht behandelt.

Neben einer generellen Erweiterung hinsichtlich des Befehlsspektrums und der Assembleranweisungen sind diese Themenbereiche Gegenstand von Teil III dieses Lernprogramms.

5. Lösungen

1.1. In einem Befehl muß neben einer Distanzadresse die *Nummer* des Registers angegeben sein, in dem die Basisadresse stehen wird. Näheres folgt im Lernteil.

1.2. Nein. Man kann zwar die Distanzadresse ablesen, und auch das Basisadreßregister ist bekannt. Über die Basisadresse selbst kann jedoch nichts ausgesagt werden, sie kann jeden beliebigen Wert haben. Die Speicheradresse ist nur bestimmbar, wenn Basis- *und* Distanzadresse bekannt sind.

1.3. 5600 (5500 + 100)

1.4. a) Richtige Lösungen sind c und d.

1.5. a, b) Weder dem Betriebssystem noch dem Steuerwerk einer Zentraleinheit werden angegeben, welches Mehrzweckregister als Basisadreßregister verwendet werden soll. c ist richtig.

1.6. a) Richtig

1.7. Wird als zweites Register 0 angegeben, so hat der BALR-Befehl *nur* die Funktion, die Folgeadresse abzuspeichern. Es erfolgt dann kein Sprung und der dem BALR folgende Befehl wird ausgeführt.

1.4. b) Wenn dem so wäre, müßte ein Programm vor dem Verschieben jedesmal neu geschrieben werden, da sich ja alle Adressen in den Befehlen ändern. Richtige Lösungen sind c und d.

1.5. c) Richtig. Das Laden des Basisadreßregisters erfolgt mit einem Befehl.

1.6. b) Die Basisadresse muß schon zu Beginn feststehen, nicht erst zu Programmende. Lösung a ist richtig.

1.8. Dem Assembler-Übersetzer fehlt die Angabe, *welches* Mehrzweckregister für das Programm als Basisadreßregister verwendet werden soll. Zum anderen ist der zur Bildung von Distanzadressen notwendige Basisadreßwert nicht bekannt. Näheres folgt im Lernteil.

1.9.

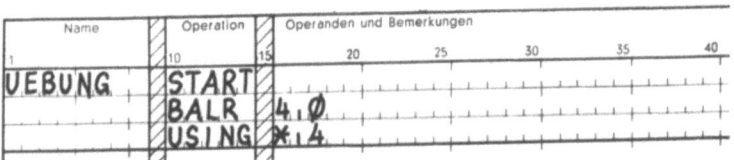

Es ist gleichgültig, welcher Anfangsadreßwert in der START-Anweisung festgelegt wird – auf die Kombination BALR/USING hat das keinen Einfluß.

1.4. c, d) Richtig

1.6. c) Lösung a ist richtig.

2.1. Mit Makroaufrufen

2.2. Wenn Daten von einem peripheren Gerät in den Arbeitsspeicher der Zentraleinheit eingegeben werden sollen, verwendet man den Makroaufruf GET (Lesen Satz); mit PUT (Ausgeben Satz) werden Daten ausgegeben.

2.3. a) Datensichtstation, Platte
b) Datensichtstation, Platte, Drucker

2.4. SYSDTA zur Eingabe von Daten
SYSLST zur Ausgabe von Daten
SYSOUT zur Ausgabe von Meldungen

2.5. Das Satzlängenfeld wurde ebenfalls redefiniert. Somit ist eine Bezugnahme auf die eigentliche Satzlänge möglich.

```
LESEN       RDATA  EINB,FEHL
              .
              .
              .
FEHL        TERM
              .
              .
              .
EINB        DS     ØCL79
SLF         DS     ØCL4
LAENGE      DS     CL2
LEER        DS     CL2
NAME        DS     ØCL3Ø
VNAME       DS     CL15
FNAME       DS     CL15
ARESSE      DS     ØCL45
STR         DS     CL2Ø
PLZ         DS     CL4
ORT         DS     CL21
```

2.6.

```
LESEN       RDATA  EINB,ENDE
              .
              .
              .
ENDE        TERM
              .
              .
              .
EINB        DS     0CL34
SLF         DS     0CL4
LAENGE      DS     CL2
RESERVE     DS     CL2
SA          DS     C
ART.NR      DS     CL4
ARTBEZ      DS     CL20
BESTAND     DS     CL5
```

2.7. Da der auszugebende Satz 30 Zeichen groß ist, müssen 4 Bytes für das SLF und 1 Byte für das Steuerbyte hinzugezählt werden.

$$4 + 1 + 30 = 35_{10} \triangleq X'23'$$

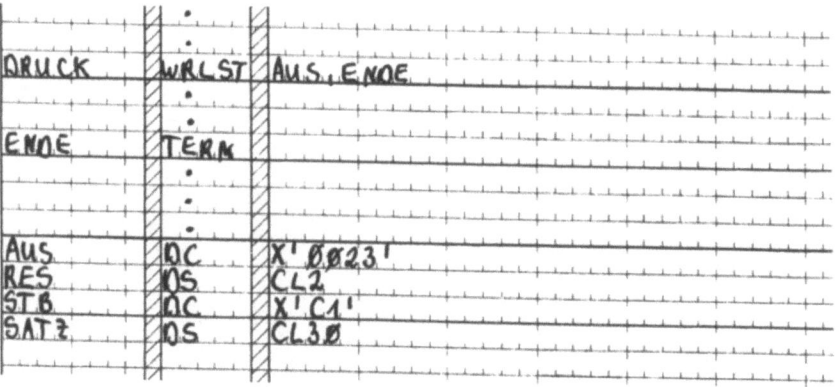

3.2. c) Richtig. Der Befehl MVI (Übertragen Zeichen direkt) hat die Funktion, genau 1 Byte zu übertragen. Für dieses Zeichen muß keine Konstante erzeugt werden, vielmehr wird diese *direkt* im Befehl angegeben.

Name	Operation	Operanden und Bemerkungen
EINAUS	START	
*	SYSEILE SYSTA=EDATEN	DIESE ZUORDNUNG IST VOR
*		PROGRAMMSTART DURCHZUFUEHREN
*		
ANF	BALR	3,0
	USING	*,3
LESEN	RDATA	EING,EMDE LESEN SATZ, DATEIENDE=SPRUNG NACH ENDE
	MVC	ANAME,ENAME UEBERTRAGEN NAMENSFELD -> AUSGABEBEREICH
	MVC	ASTR,ESTR
	MVC	APLZ,EPLZ
	MVC	AORT,EORT
	WRLST	AUSB,ENDE AUSGEBEN AUSGABEBEREICH
	B	LESEN SPRUNG NACH LESEN
ENDE	TERM	PROGRAMMENDE
*		
*	DEFINITIONEN	
EING	DS	0CL78 EINGABEBEREICH
SLF	DS	0CL4 SATZLAENGENFELD
LAENGE	DS	CL2 LAENGE DES GELESENEN SATZES
LEER	DS	CL2 RESERVIERTES FELD
ESATZ	DS	0CL74 EINGABESATZ
ENAME	DS	0CL30 NAMENSFELD
EFN	DS	CL15 FAMILIENNAME
EVN	DS	CL15 VORNAME
EADRESSE	DS	0CL44 ADRESSENFELD
EORT	DS	CL20 ORT
ESTR	DS	CL20 STRASSE
EPLZ	DS	CL4 POSTLEITZAHL

Name	Operation	Operanden und Bemerkungen		
*		DEFINITION DES DRUCKBEREICHES		
*				
AUSB	DC	Y(AUSEND-AUSB)	LAENGE DES AUSZUGEBENDEN SATZES	
STB	DS	CL2		
	DC	X'41'	STEUERBYTE	
ANAME	DS	0CL30	NAMENSFELD	
AFN	DS	CL15	FAMILIENNAME	
AVN	DS	CL15	VORNAME	
AADRESSE	DS	0CL44	ADRESSENFELD	
ASTR	DS	CL20	STRASSE	
APLZ	DS	CL4	POSTLEITZAHL	
AORT	DS	CL20	ORT	
AUSEND	EQU	*	GLEICHSETZEN DES SYMBOLISCHEN	
*			NAMENS -AUSEND- MIT DEM	
*			AKTUELLEN ADRESSPEGELSTAND	
	END	ANF		

3.1.

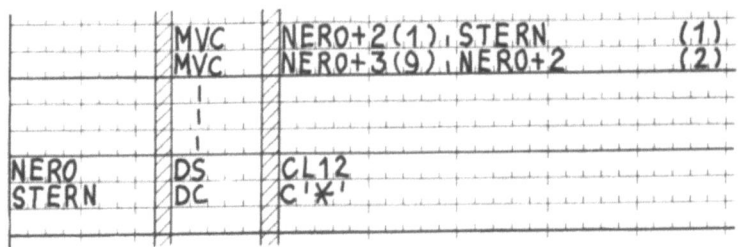

Bei richtiger Lösung kann sofort im Lernteil fortgefahren werden. *Erläuterung:* Mit (1) wird ein Byte von STERN an die *dritte* Stelle von NERO übertragen.

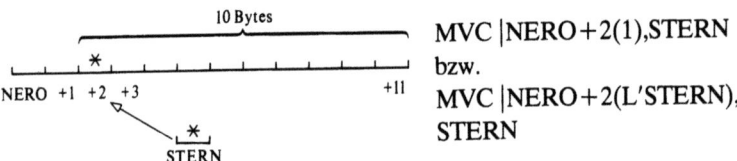

MVC |NERO+2(1),STERN
bzw.
MVC |NERO+2(L'STERN), STERN

Mit (2) wird der *Stern* in die restlichen neun Stellen des 10 Bytes großen Füllbereichs transferiert.

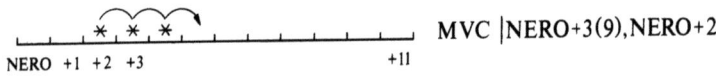

MVC |NERO+3(9),NERO+2

3.2. b) MVZ ist zwar ein Übertragungsbefehl, jedoch zur Übertragung von Zonen (Halbbytes). Die richtige Lösung ist c.

3.3.

3.4.

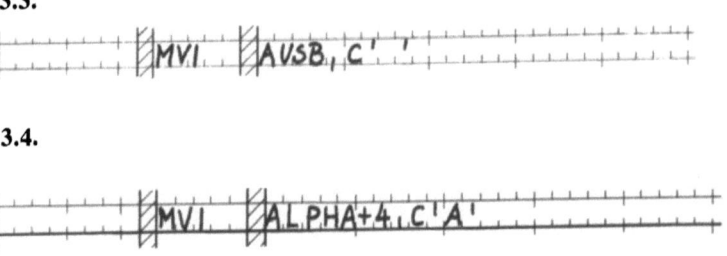

3.2. a) MP ist ein arithmetischer Befehl. Das »M« steht hier nicht für Move, sondern für Multiply. Lösung c ist richtig.

3.5. Beide Konstantentypen sind dafür geeignet. Mit dem Typ X werden Daten *sedezimal*, mit dem Typ B *binär* dargestellt; das Ergebnis ist in beiden Fällen gleich. Mit B werden *alle* Bits einer Information angedeutet, während mit X das Binärmuster übersichtlicher in der sedezimalen Schreibweise erscheint.

3.6.

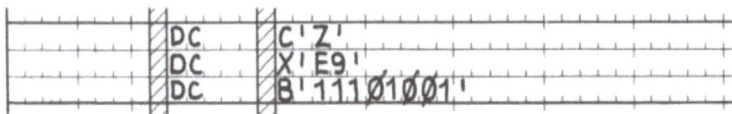

3.7. Die Befehle a, c, f.

3.8.

oder:

3.9. a, c) Die Lösungen b und d sind richtig.

3.12. Der Befehl heißt BAL (Branch and Link). BAL verzweigt zu einer Sprungadresse und stellt gleichzeitig die Adresse des auf ihn folgenden Befehls in einem Register sicher. Näheres folgt im Lernteil.

3.9. b, d) Ja. Die Auswertung der Anzeige erfolgt in der Tat mit einem Sprungbefehl.

3.10. Der Sprungbefehl lautet BC |4,END.

Der Anzeige 1 ist das 2. Maskenbit (2^6) zugeordnet.

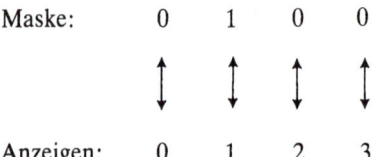

Dieses Bit muß also auf 1, alle anderen Bits müssen auf 0 gesetzt werden.

3.11.

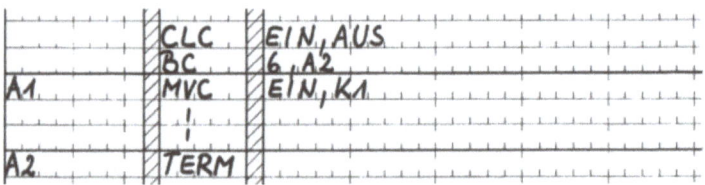

Die Anzeigen 0 und 3 werden durch die Maske 6 nicht erwartet. Da die Anzeige 3 bei Vergleichsoperationen nicht auftritt, ist auch folgender Sprungbefehl richtig: BC |7,A2.

3.13. Von den angegebenen Sprungbefehlen eignet sich der BCR (Branch on Condition Register) für diesen Zweck.

3.14. BCR |15,3

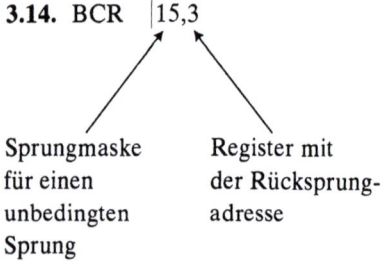

Ist die Maske bei einem BCR-Befehl 15, so kann der BCR-Befehl durch den Pseudosprungbefehl BR (Springen unbedingt) ersetzt werden:
BCR |15,3 ≙ BR |3

3.15.

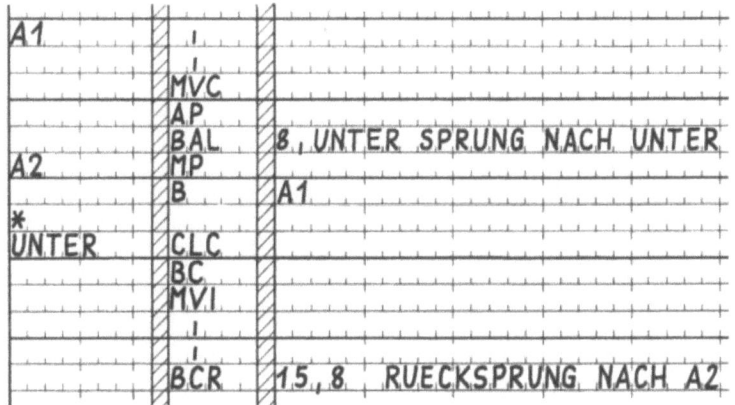

3.16. a) −52367 entpackt: F5 F2 F3 F6 D7. Im entpackten oder gezonten Format wird jede Ziffer in einem Byte angegeben und das Vorzeichen im höherwertigen Halbbyte der letzten Stelle untergebracht. Das negative Vorzeichen wird mit $D_{(16)}$ verschlüsselt.

b) −52367 gepackt: 52 36 7D. Eine Dezimalzahl liegt gepackt vor, wenn je zwei Ziffern in einem Byte zusammengefaßt sind, wobei das letzte Halbbyte das Vorzeichen enthält.

3.17. Befehlstyp SS

3.18. Der Inhalt von FELDE bleibt stets unverändert.
a) FELDP dient in der ganzen Länge von 4 Bytes zur Aufnahme der gepackten Zahl. Die höherwertigen freien Stellen werden dabei vom PACK-Befehl automatisch mit Null aufgefüllt.
FELDP: 00 07 80 1C
b) Die ersten 3 Bytes von FELDP nehmen die gepackte Dezimalzahl auf, das vierte Byte bleibt unverändert.
FELDP: 07 80 1C 40
c) 2 Bytes reichen für die Aufnahme der gepackten Zahl nicht aus. Die höchstwertige Ziffer geht beim Packen verloren.
FELDP: 80 1C 40 40

3.19.

DEZ1: 02 18 7C

3.20.

3.21.

Zahlen	Definitionen		Erzeugte Daten
24	DC	P '24'	→ 02 4C
+ 24	DC	P ' + 24'	→ 02 4C
− 7	DC	P ' − 7'	→ 7D
+ 100	DC	P ' + 100'	→ 10 0C

3.22. PACK und AP. Zuerst ist die Dezimalzahl in das gepackte Format umzuwandeln, anschließend kann sie durch Addition verdoppelt werden.

3.23.

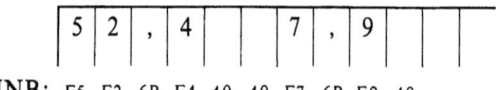

EINB: F5 F2 6B F4 40 40 F7 6B F9 40 ....

Die Zahlen werden, nach dem EBCDI-Code verschlüsselt, in EINB gespeichert. Die nicht benützten Spalten des Satzes ergeben im Arbeitsspeicher die Verschlüsselung $40_{(16)}$; die Kommata werden mit $6B_{(16)}$ gespeichert.

3.24. Beide Operanden müssen gepackt werden.

3.25. Feldinhalt von R1   Feldinhalt von R2

    F5 F2 F4   F7 F9   Vor dem Packen
    00 52 4F   07 9F   Nach dem Packen

Beide Felder werden mit führenden Nullen aufgefüllt.

3.26.

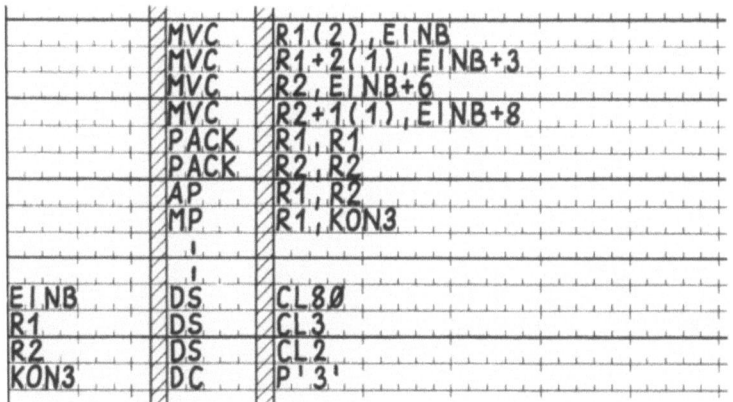

Das Ergebnis der Multiplikation steht im Feld R1: 01809C.

3.27.

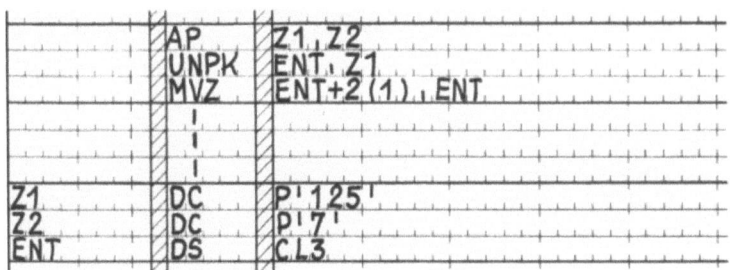

Feldinhalte:
Z1: 12 5C   Z2: 7C   ENT: xx xx xx
Z1: 13 2C   Z2: 7C   ENT: xx xx xx   AP |Z1,Z2
Z1: 13 2C   Z2: 7C   ENT: F1 F3 C2   UNPK |ENT,Z1
Z1: 13 2C   Z2: 7C   ENT: F1 F3 F2   MVZ |ENT + 2(1),ENT

3.28. Feldinhalte vor der Subtraktion: KAIN: 00 3C ABEL: 4C
Feldinhalte nach der Subtraktion: KAIN: 00 1D ABEL: 4C

3.29.

```
         MP    Z1,K1ØØ
         DP    Z1,Z2
          |
          |
Z1       DC    PL4'17'
Z2       DC    P'4'
K1ØØ     DC    P'1ØØ'
```

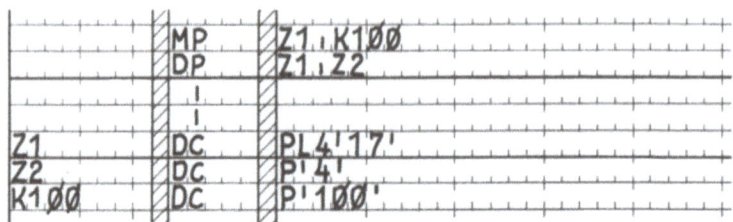

Erläuterung:

```
Z1:      00 00 01 7C
K100:          10 0C  ↘
                          MP     |Z1,K100
                      ↙
Z1:      00 01 70 0C
Z2:               4C  ↘
                          DP     |Z1,Z2
                      ↙
Z1:      00 42 5C 0C
         ⏟
         ↑        ↑
         |        └── Rest: 0
         |
    Quotient: 425
          ↑
          |
     Gedachtes Komma → Ergebnis: 4,25
```

4.1. Die Kommentarzeilen für zuvor mit dem /SYSFILE-Kommando vorgenommene Zuordnungen von logischen Systemdateien.

4.2.

Name	Operation	Operanden und Bemerkungen
GEHALT	START	
*		
*	/SYSFILE SYSDTA=GEHDAT	
*		

RDATA liest Daten von der log. Systemdatei SYSDTA. Diese Systemdatei ist vor dem Ablauf des Programms der Plattendatei zuzuordnen, die die Eingabedaten enthält. Für den Makro WRLST ist dies nicht notwendig, da die Systemdatei SYSLST standardmäßig dem Drucker zugeordnet ist.

4.6.

Name	Operation	Operanden und Bemerkungen
	MVC	AUSB(L'MES3),MES3
	WRLST	DRUCK,FEHL
LES	RDATA	EINA,ENDE
	CLI	SART,C'L'
	BNE	LES
	BAL	7,UPR
	.	
	.	
	.	

Da auf den Makro RDATA für jeden Einlesevorgang *zurückgesprungen* werden muß, wird ihm ein symbolischer Name, z. B. LES, zugeordnet.

4.5.

```
*
*  HAUPTPROGRAMM
*
ANF      BALR   4,0
         USING  *,4
         BAL    7,UPR
         ROATA  EINB,ENOE
         MVC    UES1ABT,ABT
         MVC    AUSB(L'UES1),UES1
         MVI    STB,X'C1'
         WRLST  DRUCK,FEHL
         BAL    7,UPR
         MVC    UES2+4(L'DATUM),DATUM
         MVC    AUSB(L'UES2),UES2
         MVI    STB,X'41'
         WRLST  DRUCK,FEHL
         BAL    7,UPR
         MVC    AUSB(L'UES3),UES3
         WRLST  DRUCK,FEHL
           .
           .
           .
```

```
*
*  UNTERPROGRAMM
*
UPR      MVI    AUSB,C' '
         MVC    AUSB+1(L'AUSB-1),AUSB
         BR     7
```

Erläuterung:
Mit BR7 erfolgt der Rücksprung zu dem auf den jeweiligen BAL-Befehl folgenden Befehl.

4.3.

Name	Operation	Operanden und Bemerkungen
GEHALT	START	
*		
* /SYSFILE	SYS	DTA=GEHDAT
*		
**********	******	*************************
*	HAUPTPROGRAMM	*
**********	******	*************************
ANF	BALR	4,0
	USING	*,4

Da BALR der erste auszuführende Befehl ist, wird ein Name – z. B. ANF – vorgegeben, der dann wieder in der Assembleranweisung END stehen muß.

In der USING-Anweisung wird dem Assembler neben dem zu verwendenden Basisregister durch Stern (*) auch der Wert des momentanen Adreßpegels bzw. der auf BALR folgende Adreßpegelstand angegeben.

4.8.

Name	Operation	Operanden und Bemerkungen
	MP	REF1,REF2
	AP	REF1,REF1+5(L'REF1-5)
	MVZ	REF1+5(L'REF1-5),REF1
	AP	SUMME,REF1
	.	
	.	
	.	
*		
* DEFINITIONEN		
*		
EINB	DS	0CL84
SLF	DS	CL2
	DS	CL2
NAME		
	.	
	.	
REF1	DS	CL6
REF2	DS	CL3
SUMME	DC	PL6'0'

4.7.

```
LES       KDATA  EINB,ENDE
          CLI    SART,C'L'
          BNE    LES
          BAL    7,UPR
          MVC    AUSB(40),NAME
          MVC    STO+3(1),STO+4
          MVC    SATZ+2(2),SATZ+3
          PACK   REF1,STO(L'STO-1)
          PACK   REF2,SATZ(L'SATZ-1)
          MP     REF1,REF2
                 .
                 .
                 .
*
* DEFINITIONEN
*
EINB      DS     0CL84
SLF       DS     CL2
          DS     CL2
NAME      .
          .
          .
REF1      DS     CL6
REF2      DS     CL3
```

4.9.

```
                MVZ    REF1+5(L'REF1-5),REF1
                AP     SUMME,REF1
(1)             UNPK   ENTR,REF1+2(4)
                MVC    BRUTTO(4),ENTR
(2)             MVC    BRUTTO+5(2),ENTR+4
                MVC    BRUTTO+4(L'KOMMA),KOMMA
                MVC    BRUTTO+7(L'DM),DM
(3)             MVC    AUSB+40(L'DM),DM
                WRLST  DRUCK,FEHL
                B      LES
                   .
                   .
                   .
*
* DEFINITIONEN
*
EINB            DS     0CL84
SLF             DS     CL2
                DS     CL2
NAME            .
                .
                .
REF1            DS     CL6
REF2            DS     CL3
SUMME           DC     PL6'0'
ENTR            DS     CL7
KOMMA           DC     C','
DM              DC     C'DM'
```

(1) Entpackt wird in den Bereich ENTR. Um aber 4 Bytes entpacken zu können, werden 7 Bytes Aufnahmebereich benötigt.

(2) Das letzte Byte von ENTR enthält die dritte Stelle nach dem Komma, die nach dem Runden jede Bedeutung verloren hat.

(3) Auch an den Wert von »Stundensatz« soll laut Aufgabenstellung die Benennung DM angefügt werden.

4.4.

Name	Operation	Operanden und Bemerkungen
*DEFINITIONLOKEN		
EING	DS	0CL84
SLF	DS	CL2
		CL2
NAME	DS	0CL20
ABT	DS	CL10
DATUM	DS	CL10
		CL5
		CL5
STD	DS	CL5
		CL5
SATZ	DS	CL5
		CL39
SART	DS	C
*DRUCK	DC	Y(DRUCKEND-DRUCK)
		CL2
STD	DS	CL1
AUSG	DS	0CL132
		CL50
BRUTTO	DS	CL9
		CL73
DRUCKEND	EQU	*
UES1	DS	0CL40
UES1TEXT	DC	C'LOHNABRECHNUNG FUER ABTEILUNG '
UES1ABT	DS	CL10
UES2	DS	0CL14
UES2TEXT	DC	C'VOM '
UES2DAT	DS	CL10
UES3	DC	C'NAME STD SATZ BRUTTO*'
		T0.'

A20   106

Lösungen der Übungen zu den Kapiteln 1 bis 3

1. Distanzadresse und Nummer des Basisadreßregisters

2. In einem Mehrzweckregister

3. Sätze fester und variabler Länge.

4. Sätze variabler Länge.

5.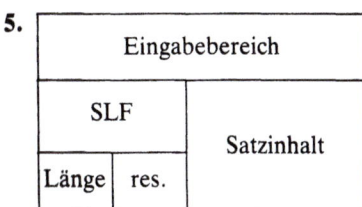

6. DC   P'+5'
   DC   X'5C'

7. BAL

8. BCR

9. MVZ

10. 2 Bytes. Der BCR gehört dem Befehlstyp RR an.

11. Bei Anzeige 0 oder 1 wird nicht gesprungen.

12. CLI   AUSB + 131, C' ' bzw. CLI AUSB + L'AUSB − 1,C' '

    Nähere Information zur Bildung von Ausdrücken siehe Teil III.

13. Jeder Operand in einem AP-Befehl kann maximal 16 Bytes lang sein.

14. DC   P'1'   ⟶   1C
    DC   P'+1'   ⟶   1C
    DC   P'1.0'   ⟶   01 0C
    DC   P'+0.1'   ⟶   00 1C

15. BM   END   oder   BL   END

16. Der Befehl stellt eine Rundung der Zahl auf zwei Dezimalstellen dar.

6. Anhang

Dieser Teil des Buches dient als Nachschlagewerk. Hierin ist eine Zusammenfassung der im Lernteil verwendeten Befehle, Assembleranweisungen und Makroaufrufe gegeben. Weitergehende Informationen über die Assemblersprache können den Druckschriften und Beschreibungen der verschiedenen Hersteller von Datenverarbeitungsanlagen entnommen werden.

6.1. Die Assemblersprache

Assembler ist eine maschinenorientierte, symbolische Programmiersprache.

Beispiel: MVC   ZAHL1,ZAHL2
           B   A1
           END

Ein in Assembler geschriebenes (Quell-)Programm besteht aus Befehlen, Assembleranweisungen, Makroaufrufen und gegebenenfalls Kommentaren.

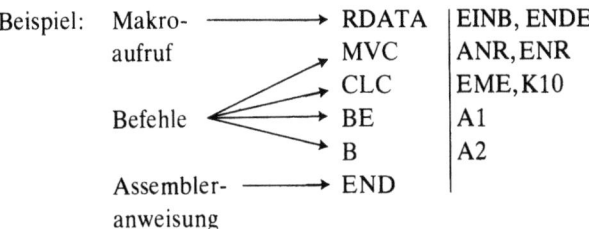

Beispiel: Makro- ⟶ RDATA   EINB, ENDE
          aufruf ⟶ MVC   ANR, ENR
                    ⟶ CLC   EME, K10
          Befehle ⟵ BE   A1
                    ⟶ B   A2
          Assembler- ⟶ END
          anweisung

Befehle: Jedem Befehl in der Assemblersprache wird genau ein Befehl in der Maschinensprache zugeordnet, d. h. beim Übersetzen wird für jeden Befehl eines Quellprogramms ein entsprechender Befehl in Maschinensprache erzeugt (vgl. auch Abschnitt 6.2).

Befehle in der Assemblersprache   Zugehörige Maschinenbefehle[22]
MVC   AUSB (L'FELD1),EINB   D2 03 2400 2200
B   ANF   47 F0 2058

Assembleranweisungen, Assemblerinstruktionen: Sie steuern den Übersetzungsvorgang (vgl. auch Abschnitt 6.3).

Beispiel einer Anweisung: START

Makroaufrufe: Für betimmte Standortroutinen (z.B. Ein-/Ausgaberoutinen) sind in einem Betriebssystem Programmteile vorhanden, die in der Assemblersprache vorliegen. Durch einen Makroaufruf werden

---

22 Die Adressen der Operanden sowie die Längenangabe im MVC-Befehl sind frei gewählt.

diese Routinen beim Übersetzen eines Assemblerprogramms von einer Makrobibliothek abgerufen und in das Quellprogramm eingefügt (vgl. auch Abschnitt 6.4).

Kommentare werden nicht übersetzt, sondern nur im Listing protokolliert. Das Programm, welches das symbolische Assembler-Quellprogramm in ein Maschinenprogramm übersetzt, heißt Assembler[23]. Das codierte Assemblerprogramm wird zunächst auf einen Datenträger übertragen, wobei der Inhalt einer Zeile des Codierblattes einem Satz entspricht. Das Quellprogramm wird durch den Assembler-Übersetzer in Maschinensprache umgewandelt. Dieses so erzeugte Maschinenprogramm heißt Objektmodul.

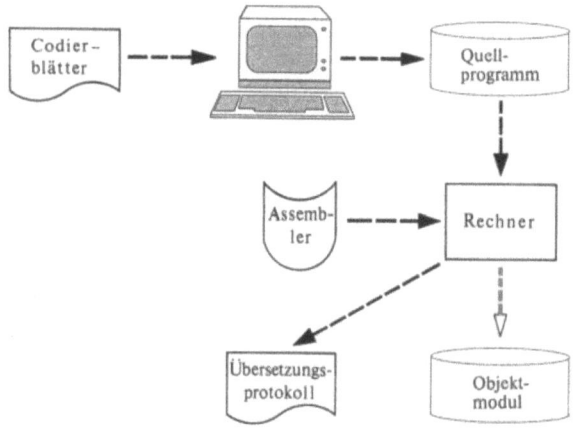

Beim Übersetzen erzeugt der Übersetzer ein Programm-Listing, das sowohl das Quellprogramm als auch das Maschinenprogramm enthält. In diesem sogenannten Übersetzungsprotokoll sind außerdem die Auflistung der verwendeten symbolischen Adressen sowie Angaben über eventuelle formale Fehler im Quellprogramm enthalten.

Die Eingabe des Quellprogramms kann über Lochkarte, Magnetband, Magnetplatte oder über eine Datensichtstation erfolgen.

---

23 Die Übersetzer für problemorientierte Sprachen, wie z.B. COBOL, ALGOL, FORTRAN, werden Compiler genannt.

6.2. Befehle

Ein Maschinenprogramm besteht aus Befehlen (Maschineninstruktionen), deren Länge 2, 4 oder 6 Bytes betragen kann. Es sind fünf verschiedene Befehlstypen zu unterscheiden, deren Format Aussagen über die Operanden zuläßt.

RR (Register-Register): Beide Operanden befinden sich in Registern.

RS (Register-Speicher): Der erste Operand befindet sich in einem Register, der zweite im Speicher, der dritte in einem Register.

RX (Register-indizierte Speicheradresse): Ein Operand befindet sich in einem Register, der andere im Speicher. Die Speicheradresse kann indiziert sein.

SI (Speicher-Direktoperand): Der erste Operand befindet sich im Speicher. Der zweite direkt im Befehl.

SS (Speicher-Speicher): Beide Operanden befinden sich im Speicher.

In der Assemblersprache können alle Befehle symbolisch geschrieben werden. Die Assemblerschreibweise ist jeweils vom Format der Maschineninstruktion abhängig.

6.2.1. Move Characters, MVC

Befehlsformat: | Op | L | B1 | D1 | B2 | D2 |

Befehlstyp: SS
Operationscode: D2 $_{(16)}$

Der Inhalt des durch die zweite Adresse (B2/D2) angegebenen Sendefeldes wird in das durch die erste Adresse (B1/D1) angegebene Empfangsfeld übertragen.
Die Verarbeitung erfolgt byteweise von links nach rechts. Die Überlappung von Feldern ist zulässig.
Die Längenangabe bezieht sich stets auf die Empfangsadresse und enthält im Maschinenbefehl die Anzahl zu übertragender Bytes minus 1 in sedezimaler Form.

Assemblerschreibweise: MVC   Adresse 1, Adresse 2

Beispiele:

`MVC FELD1,FELD2`   Übertragen des Inhalts von FELD2 nach FELD1 mit der impliziten Länge von FELD1

`MVC FELDA(L'F1),FELDB`   Übertragen von FELDB nach FELDA in der Länge von F1

A26

6.2.2. Move Immediate, MVI

Befehlsformat: | Op | I2 | B1 | D1 |

Befehlstyp: SI
Operationscode: 92 $_{(16)}$

Der Direktoperand (1 Byte) aus dem I2-Feld wird in die durch B1/D1 angegebene Arbeitsspeicherstelle übertragen.

Assemblerschreibweise: MVI |Adresse, Direktoperand

Beispiele:

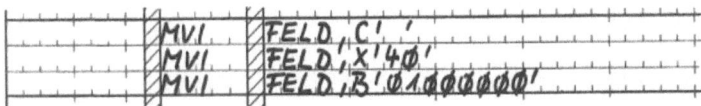

```
       MVI   FELD,C' '
       MVI   FELD,X'40'
       MVI   FELD,B'01000000'
```

Jeder Befehl überträgt 1 Byte (Zwischenraum) in die erste Stelle von FELD.

6.2.3. Move Zones, MVZ

Befehlsformat: | Op | L | B1 | D1 | B2 | D2 |

Befehlstyp: SS
Operationscode: $D3_{(16)}$

Die höherwertigen vier Stellen eines jeden Bytes des Sendefeldes (B2/D2) werden in die höherwertigen vier Stellen der entsprechenden Bytes des Empfangsfeldes (B1/D1) übertragen.
Die Verarbeitung erfolgt von links nach rechts. Die Felder dürfen sich überlappen.
Die Längenangabe bezieht sich auf die Empfangsadresse und enthält im Maschinenbefehl die Anzahl zu übertragender Halbbytes minus 1 in sedezimaler Form.

Assemblerschreibweise: MVZ |Adresse 1, Adresse 2

Beispiel:

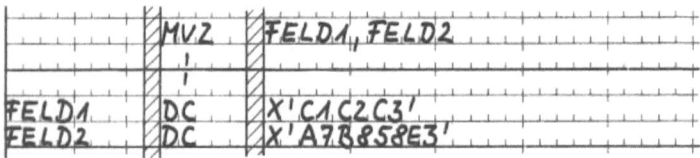

FELD1: C1 C2 C3   Vor der Befehlsausführung
FELD1: A1 B2 53   Nach der Befehlsausführung

6.2.4. Compare Logical Characters, CLC

Befehlsformat: | Op | L | B1 | D1 | B2 | D2 |

Befehlstyp: SS
Operationscode: D5 $_{(16)}$

Die Zeichen des 1. Operanden (B1/D1) werden von links nach rechts logisch (bitweise) mit den Zeichen des 2. Operanden (B2/D2) verglichen. Die Längenangabe bezieht sich auf die Adresse des 1. Operanden und enthält im Maschinenbefehl die Anzahl zu vergleichender Bytes minus 1 in sedezimaler Form.
Entsprechend dem Ergebnis des Vergleichs wird eine Anzeige gesetzt.

Anzeige: 0 1. Operand = 2. Operand
        1 1. Operand < 2. Operand
        2 1. Operand > 2. Operand
        3 Nicht verwendet

Assemblerschreibweise: CLC |Adresse1, Adresse2

Beispiele:

		Ergebnis	Anzeige
CLC	HUND,KATZE	1.OP<2.OP	1
CLC	HUND(3),KATZE	1.OP=2.OP	0
CLC	HUND+4(1),KATZE+2	1.OP>2.OP	2
HUND	DC C'12345'		
KATZE	DC C'123567'		

6.2.5. Compare Logical Immediate, CLI

Befehlsformat: | Op | I2 | B1 | D1 |

Befehlstyp: SI
Operationscode: $95_{(16)}$

Der Direktoperand I2 (1 Byte) wird mit dem durch B1/D1 adressierten Byte verglichen.
Entsprechend dem Ergebnis des Vergleichs wird eine Anzeige gesetzt.

Anzeige: 0 1. Operand = 2. Operand (Direktoperand)
        1 1. Operand < 2. Operand
        2 1. Operand > 2. Operand
        3 Nicht verwendet

Assemblerschreibweise: CLI |Adresse, Direktoperand

Beispiele:

		Ergebnis	Anzeige
CLI	HALLO,C'D'	1.OP<2.OP	1
CLI	HALLO+1,X'C1'	1.OP>2.OP	2
CLI	HALLO+2,B'11000011'	1.OP=2.OP	0
HALLO	DC	C'ABC'	

A30

6.2.6. Pack, PACK

Befehlsformat: | Op | L1 | L2 | B1 | D1 | B2 | D2 |

Befehlstyp: SS
Operationscode: F2$_{(16)}$

Der durch B2/D2 angegebene Operand wird aus dem entpackten in das gepackte Format überführt. Das Ergebnis wird in dem durch B1/D1 adressierten Feld gespeichert.
Das Vorzeichen wird aus dem *Zonenteil* des niedrigstwertigen Bytes des 2. Operandenfeldes gewonnen und in den *Zifferteil* des niedrigstwertigen Bytes des 1. Operandenfeldes gespeichert. Die 4 Bits langen Ziffernteile eines jeden Bytes werden im Anschluß an das Vorzeichen gespeichert.
Die Operanden dürfen eine Länge bis zu 16 Bytes haben.
Ist das Ergebnisfeld zu lang, so werden führende Nullen eingeschoben; wenn das Ergebnisfeld zu kurz ist, werden die höchsten Ziffern des 2. Operanden nicht übertragen.
Die Operanden dürfen sich überlappen.
Die Verarbeitung erfolgt byteweise von rechts nach links.

Assemblerschreibweise: PACK Adresse1,Adresse2

Beispiel:

```
        PACK  FELD1,FELD2

FELD1   DS    CL3
FELD2   DC    C'1000'
```

FELD 1: 01 00 0F nach PACK
FELD 2: F1 F0 F0 F0

6.2.7. Unpack, UNPK

Befehlsformat: | Op | L1 | L2 | B1 | D1 | B2 | D2 |

Befehlstyp: SS
Operationscode: $F3_{(16)}$

Der durch B2/D2 angegebene Operand wird aus dem gepackten in das entpackte Format überführt. Das Ergebnis wird in dem durch B1/D1 adressierten Feld gespeichert.
Jede der 4 Bits langen Ziffern des gepackten 2. Operandenfeldes wird jeweils in das niederwertige Halbbyte eines Bytes im 1. Operandenfeld gespeichert. In alle Bytes, mit Ausnahme des niedrigstwertigen, wird die Zone eingefügt. Der Zonenteil im EBCDI-Code lautet $F_{(16)}$.
Der Zonenteil des niedrigstwertigen Bytes des 1. Operanden nimmt das Vorzeichen des gepackten Operanden auf.
Die Operanden dürfen eine Länge bis zu 16 Bytes haben.
Ist das 1. Operandenfeld zu kurz, so werden die überschüssigen höherwertigen Ziffern des 2. Operandenfeldes nicht berücksichtigt. Ist das 1. Operandenfeld zu lang, so wird das Ergebnis mit führenden *entpackten* Nullen aufgefüllt.
Die Verarbeitung erfolgt byteweise von rechts nach links.

Assemblerschreibweise: UNPK Adresse1, Adresse2

Beispiel:

```
         UNPK   FELD1,FELD2
FELD1    DS     CL4
FELD2    DC     P'25'
```

FELD 1: F0 F0 F2 C5 nach UNPK
FELD 2: 02 5C

A32

6.2.8. Add Decimal Packed, AP

Befehlsformat: | Op | L1 | L2 | B1 | D1 | B2 | D2 |

Befehlstyp: SS
Operationscode: FA$_{(16)}$

Der durch B2/D2 angegebene Operand wird zu dem durch B1/D1 adressierten Operanden addiert. Das Ergebnis steht in dem durch die erste Adresse angegebenen Feld.
Das Vorzeichen wird nach den algebraischen Regeln gebildet.
Die Operanden müssen gepackt sein und dürfen eine Länge bis zu 16 Bytes haben. Die Addition erfolgt von rechts nach links.
Die Operanden dürfen sich überlappen, wenn ihre niedrigstwertigen Stellen identisch sind.
Die Anzeige wird entsprechend dem Betrag und dem Vorzeichen der Summe gesetzt.

Anzeige: 0 Die Summe ist gleich 0.
         1 Die Summe ist kleiner 0.
         2 Die Summe ist größer 0.
         3 Überlauf, d. h. das Ergebnisfeld
           ist für die Summe zu klein.

Assemblerschreibweise: AP   Adresse1, Adresse2

Beispiele:

			FELD1	FELD2
FELD1	DC	P'100'	1 0 0C	
FELD2	DC	P'1'		1C
	AP	FELD1,FELD2	1 0 1C	1C
	AP	FELD1,FELD1	2 0 2C	

6.2.9. Subtract Decimal Packed, SP

Befehlsformat: | Op | L1 | L2 | B1 | D1 | B2 | D2 |

Befehlstyp: SS
Operationscode: FB$_{(16)}$

Der durch B2/D2 angegebene Operand wird von dem durch B1/D1 adressierten Operanden subtrahiert. Das Ergebnis steht in dem durch die erste Adresse angegebenen Feld.
Das Vorzeichen wird nach den algebraischen Regeln gebildet.
Die Operanden müssen gepackt sein und dürfen eine Länge bis zu 16 Bytes haben. Die Subtraktion erfolgt von rechts nach links.
Die Operanden dürfen sich überlappen, wenn ihre niedrigstwertigen Stellen identisch sind.
Die Anzeige wird entsprechend dem Betrag und dem Vorzeichen der Differenz gesetzt.

Anzeige: 0 Die Differenz ist gleich 0.
        1 Die Differenz ist kleiner 0.
        2 Die Differenz ist größer 0.
        3 Überlauf, d. h. das Ergebnisfeld
          ist für die Differenz zu klein.

Assemblerschreibweise: SP   Adresse1, Adresse2

Beispiele:

			FELD1	FELD2	FELD3
FELD1	DC	P'10'	01 0C		
FELD2	DC	P'5'		5C	
FELD3	DC	P'20'			02 0C
	SP	FELD1,FELD2	00 5C	5C	
	SP	FELD1,FELD3	01 5D		02 0C

6.2.10. Multiply Decimal Packed, MP

Befehlsformat: | Op | L1 | L2 | B1 | D1 | B2 | D2 |

Befehlstyp: SS
Operationscode: FC $_{(16)}$

Der Multiplikand (B1/D1) wird mit dem Multiplikator (B2/D2) multipliziert. Das Produkt steht rechtsbündig in dem durch B1/D1 angegebenen Feld.
Das Vorzeichen wird nach den algebraischen Regeln bestimmt.
Die Operanden müssen gepackt sein. Der 2. Operand muß kürzer sein als der 1. Operand und darf nicht länger als 8 Bytes sein. Der 1. Operand darf eine Länge bis zu 16 Bytes haben.
Die Anzahl der Bytes des 1. Operanden, die nur führende Nullen enthalten, muß mindestens gleich der Anzahl der Bytes des 2. Operanden sein.
Die Operanden dürfen sich überlappen, wenn ihre niedrigstwertigen Stellen identisch sind.

Assemblerschreibweise:　　MP　　　|Adresse1, Adresse2

Beispiel:

```
                              FELD 1    FELD 2
FELD1    DC    PL2'5'         00 5C
FELD2    DC    P'4'                     4C

         MP    FELD1,FELD2    02 0C     4C
```

6.2.11. Divide Decimal Packed, DP

Befehlsformat: | Op | L1 | L2 | B1 | D1 | B2 | D2 |

Befehlstyp: SS
Operationscode: $FD_{(16)}$

Der Dividend (B1/D1) wird durch den Divisor (B2/D2) dividiert. Das Ergebnis (Quotient und Rest) steht in dem durch B1/D1 angegebenen Feld. Dabei wird der Quotient links und der Rest, der dieselbe Länge wie der Divisor hat, rechts gespeichert.

Das Vorzeichen des Quotienten wird nach den algebraischen Regeln bestimmt. Das Vorzeichen des Restes entspricht dem Vorzeichen des Dividenden.

Die Operanden müssen gepackt sein. Der 2. Operand muß kürzer sein als der 1. Operand und darf nicht länger als 8 Bytes sein. Der 1. Operand darf eine Länge bis zu 16 Bytes haben.

Der 1. Operand muß wenigstens 1 Byte mit führenden Nullen aufweisen. Die Operanden dürfen sich überlappen, wenn ihre niedrigstwertigen Stellen identisch sind.

Assemblerschreibweise: DP |Adresse1,Adresse2

Beispiel:

A36

6.2.12. Branch And Link, BAL

Befehlsformat: | Op | R1 | X2 | B2 | D2 |

Befehlstyp: RX
Operationscode: $45_{(16)}$

Die 4 Bytes große Folgeadresse aus dem Befehlszähler wird in das durch R1 bezeichnete Register geladen; außerdem verzweigt das Programm auf den durch X2/B2/D2 angegebenen Befehl[24].

Assemblerschreibweise: BAL R1, Adresse

Beispiel:

```
A1      BAL    3,UPRO
A2      MVC

UPRO    AP
```

Es erfolgt ein Sprung zur Adresse UPRO. Im Register 3 wird durch den BAL-Befehl die Folgeadresse A2 für einen eventuellen Rücksprung sichergestellt.

---

[24] Befehle des Typs RX werden vornehmlich im Rahmen der Indexadressierung in Teil III behandelt.

6.2.13. Branch And Link Register, BALR

Befehlsformat: | Op | R1 | R2 |

Befehlstyp: RR
Operationscode: $05_{(16)}$

Die 4 Bytes große Folgeadresse aus dem Befehlszähler wird in das durch R1 bezeichnete Register geladen, und das Programm verzweigt auf den Befehl, dessen Adresse im Register R2 steht.
Wird unter R2 das Register 0 angegeben, so wird nur der Befehlszählerinhalt in R1 gespeichert, jedoch kein Sprung ausgeführt.

Assemblerschreibweise: BALR R1,R2

Beispiel:

```
CAESAR   BALR  5,9
NERO     CLC
```

Es erfolgt ein Sprung zu dem Befehl, dessen Adresse in Register 9 angegeben ist. In Register 5 wird die Folgeadresse NERO für einen Rücksprung sichergestellt.

6.2.14. Branch on Condition, BC

Befehlsformat: | Op | M | X2 | B2 | D2 |

Befehlstyp: RX
Operationscode: $47_{(16)}$

Entspricht die Anzeige den durch die Maske M auf 1 gesetzten Bits, so wird das Programm bei der durch X2/B2/D2 angegebenen Adresse fortgesetzt; andernfalls wird beim nächsten Befehl fortgefahren.

Die Stellen der 4 Bits langen Maske entsprechen von links nach rechts den Anzeigen wie folgt:

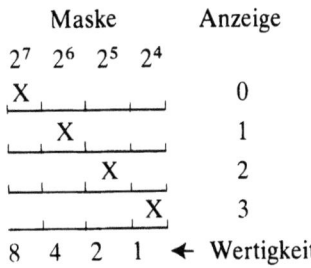

Sind alle Bits der Maske 1, so wird ein unbedingter Sprung ausgeführt.
Sind alle Bits der Maske 0, so wird nicht verzweigt (Nulloperation).

Assemblerschreibweise: BC   Maske,Sprungadresse

Beispiele:

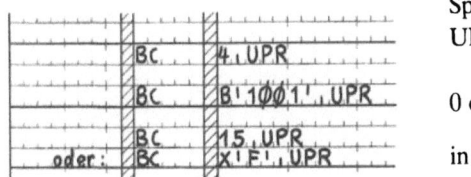

Sprung zur Adresse
UPR bei Anzeige
1,
0 oder 3,
in jedem Fall.

6.2.15. Pseudosprungbefehle

Pseudosprungbefehle vereinfachen die symbolische Programmierung in Assembler. Die Instruktion »Springen bedingt« wird mit ihrer Maske zu einem erweiterten Operationsschlüssel zusammengefaßt. Dadurch wird das Programm übersichtlicher, die Schreibarbeit verringert und die Anwendung vereinfacht. Nachfolgende Tabelle zeigt, welche Masken die symbolischen Instruktionen enthalten.

Pseudosprungbefehle (ADR ≙ Sprungadresse)		Bedeutung	Entsprechende BC-Befehle	
Operation	Operanden		Operation	Operanden
B	ADR	Unbedingter Sprung	BC	15, ADR
BR	8		BCR	15, 8
NOP	ADR	Nulloperation	BC	0, ADR
NOPR	8		BCR	0, 8
		Folgende Befehle werden nach Vergleichsoperationen angewandt:		
BH	ADR	Sprung, falls größer	BC	2, ADR
BL	ADR	Sprung, falls kleiner	BC	4, ADR
BE	ADR	Sprung, falls gleich	BC	8, ADR
BNH	ADR	Sprung, falls nicht größer [25]	BC	13, ADR
BNL	ADR	Sprung, falls nicht kleiner	BC	11, ADR
BNE	ADR	Sprung, falls nicht gleich	BC	7, ADR
		Folgende Befehle werden nach arithmetischen Operationen angewandt:		
BO	ADR	Sprung, falls Überlauf	BC	1, ADR
BP	ADR	Sprung, falls positiv	BC	2, ADR
BM	ADR	Sprung, falls negativ	BC	4, ADR
BZ	ADR	Sprung, falls Null	BC	8, ADR

---

[25] Bei den Pseudosprungbefehlen BNH, BNL, BNE ist die Anzeige 3 einbezogen, die bei Vergleichsbefehlen nie vorkommt.

6.2.16. Branch on Condition Register, BCR

Befehlsformat: | Op | M | R2 |

Befehlstyp: RR
Operationscode: $07_{(16)}$

Entspricht die Anzeige den durch die Maske M auf 1 gesetzten Bits, so wird das Programm bei der im Register R2 stehenden Adresse fortgesetzt; andernfalls wird beim nächsten Befehl fortgefahren.
Die Stellen der 4 Bits langen Maske entsprechen von links nach rechts den Anzeigen wie folgt:

```
           Maske           Anzeige
        2⁷  2⁶  2⁵  2⁴
        X                    0
            X                1
                X            2
                    X        3
        8   4   2   1   ← Wertigkeit
```

Sind alle Bits der Maske 1, so wird ein unbedingter Sprung ausgeführt. Sind alle Bits der Maske 0 oder ist das R2-Feld gleich 0, so wird nicht verzweigt (Nulloperation).

Assemblerschreibweise: BCR |Maske,Register

Beispiele:

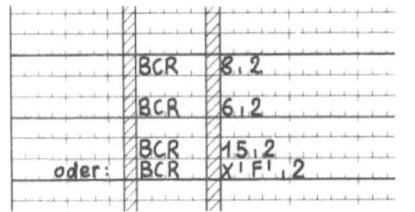

Sprung auf die in Register 2 stehende Adresse bei Anzeige

0,

1 oder 2,

in jedem Fall.

Für die beiden letzten BCR-Befehle kann auch der Pseudosprungbefehl BR |2 verwendet werden.

6.3. Assembleranweisungen

Assembleranweisungen dienen zur Steuerung des Übersetzungsvorgangs. Mit einigen Anweisungen können auch Konstanten erzeugt oder Speicherbereiche reserviert werden.

6.3.1. Programmanfang, START

Die Assembleranweisung START bestimmt den Anfang einer Übersetzung und ordnet dem Programm einen Namen zu. Als Operand kann ein Anfangswert für den Adreßpegel zugewiesen werden. Fehlt der Operand, so wird Null angenommen.

Name	Operation	Operanden
Symbolischer Name	START	Ein Direktwert oder leer

Die START-Instruktion ist die erste Anweisung in einem Assemblerprogramm. Der symbolische Name wird zum Programmnamen. Wird im Operandenfeld ein Anfangswert des Adreßpegels (selbstdefinierender Wert) angegeben, so muß dieser durch 8 teilbar sein.

Beispiel:

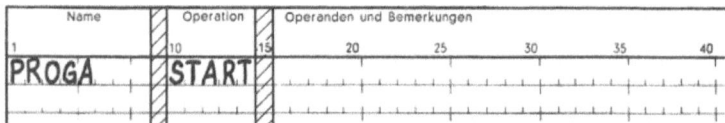

6.3.2. Programmidentifikation, TITLE

Die Assembleranweisung TITLE ermöglicht die Kennzeichnung des Assemblerprotokolls.

Name	Operation	Operanden
	TITLE	'Zeichenfolge in Hoch-kommata eingeschlossen'

Der Operandenteil enthält die Überschrift, die im Übersetzungsprotokoll geschrieben werden soll. Die Überschrift (maximal 97 Zeichen) muß beiderseits mit Hochkommata angegeben werden.

Beispiel:

Auf jede Protokollseite wird die Überschrift LOHNABRECHNUNG gedruckt.

6.3.3. Steuerung der Protokollierung, PRINT

Die Assembleranweisung PRINT steuert das Druckbild des Übersetzungsprotokolls.

Name	Operation	Operanden
	PRINT	Operandeneinträge

Operandeneinträge:
NOGEN: Die durch Makroaufrufe erzeugten Befehle und Konstanten werden nicht ausgedruckt. Die Makroaufrufe selbst werden jedoch protokolliert. Fehlt die Angabe NOGEN, werden alle zu einem Makroaufruf gehörigen Angaben ausgedruckt.
DATA: Konstanten werden im Protokoll vollständig ausgedruckt. Fehlt dieser Parameter, so werden nur die ersten 8 Bytes von Konstanten protokolliert.

6.3.4. Die USING-Anweisung

USING gibt dem Übersetzer das Mehrzweckregister an, das als Basisadreßregister verwendet werden soll.

Ferner legt USING den Basisadreßwert fest, den der Assembler-Übersetzer zur Distanzadressenbildung benötigt. Dieser Wert liegt während eines Programmablaufs – erhöht um den Ladewert des Programms – in dem Basisadreßregister vor.

Name	Operation	Operanden
	USING	adr, regnr

Der Operandenteil der USING-Anweisung enthält den Adreßwert adr und die Nummer des Basisadreßregisters regnr.

Mit der USING-Anweisung wird das angegebene Register jedoch nicht geladen. Dies muß eigens in jedem Programm vorgesehen sein.

Beispiel:

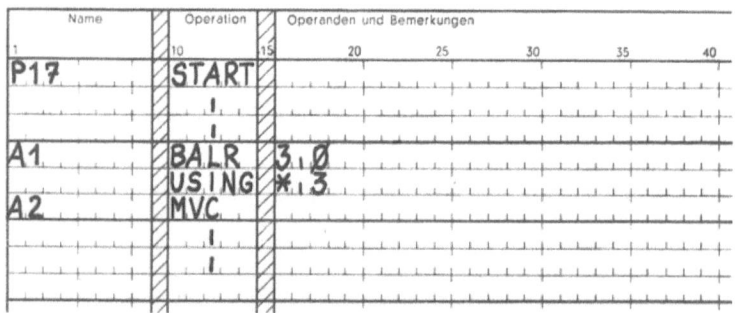

Die obige USING-Anweisung definiert den Adreßpegelstand A2 und das Basisadreßregister 3. Der Befehl BALR lädt beim Programmablauf das Register 3 mit der Basisadresse (Adreßpegelwert von A2 plus Ladewert des Programms).

6.3.5. Define Storage, DS

Mit DS-Anweisungen können Arbeitsspeicherbereiche reserviert werden. Dem ersten Byte eines Bereichs (Feldes) kann durch DS eine symbolische Adresse zugeordnet werden.

Name	Operation	Operanden
Symb. Name oder leer	DS	Ein einzelner Operand im Format **d f L n**

Der Eintrag im Operandenfeld beschreibt die Anzahl, die Feldart und, wenn erforderlich, die Feldlänge der zu reservierenden Datenfelder.

Es bedeuten:

d: Wiederholungsfaktor, der die Anzahl zu reservierender Felder angibt. Ohne diesen Faktor wird das Feld nur einmal reserviert.

f: Feldart, die die Art des zu reservierenden Feldes beschreibt. Folgende Buchstaben stehen zur Verschlüsselung der Feldart zur Verfügung:

Schlüssel	Feldart	Implizite Feldlänge in Bytes
C	Zeichen(Byte)	1
H	Halbwort	2
F	Wort	4
D	Doppelwort	8

Ln: Die Feldlänge n wird nur bei der Feldart C angegeben, wenn die Feldlänge größer als 1 Byte ist.

Beispiele:

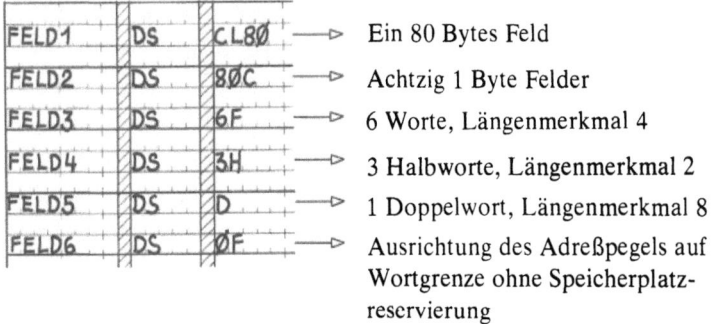

FELD1 DS CL80 → Ein 80 Bytes Feld
FELD2 DS 80C → Achtzig 1 Byte Felder
FELD3 DS 6F → 6 Worte, Längenmerkmal 4
FELD4 DS 3H → 3 Halbworte, Längenmerkmal 2
FELD5 DS D → 1 Doppelwort, Längenmerkmal 8
FELD6 DS 0F → Ausrichtung des Adreßpegels auf Wortgrenze ohne Speicherplatzreservierung

Bei FELD3 erfolgt eine Ausrichtung des Adreßpegels auf Wortgrenze, bei FELD4 auf Halbwortgrenze und bei FELD5 auf Doppelwortgrenze. Eine DS-Anweisung mit dem Wiederholungsfaktor d = 0 ist zulässig (siehe FELD6). Auch in diesem Fall erfolgt eine Ausrichtung des Adreßpegels; außerdem kann dem Feld ein Name zugeordnet werden, es wird jedoch kein Speicherbereich reserviert. Diese Art der Definition mit dem Wiederholungsfaktor 0 wird vorwiegend bei Felduntereilungen verwendet. Sie wird auch – Redefinition – genannt.

6.3.6. Define Constant, DC

Mit DC-Anweisungen können konstante Daten definiert werden. Die Daten können abdruckbare Zeichen, Dualzahlen, Sedezimalzahlen oder Dezimalzahlen sein.
Dem ersten Byte eines Datenbereichs kann durch DC eine symbolische Adresse zugeordnet werden.

Name	Operation	Operanden
Symb. Name oder leer	DC	Ein einzelner Operand im Format **d t Ln** 'Konstante'

Der Eintrag im Operandenfeld beschreibt die Anzahl zu reservierender Datenfelder, den Konstantentyp und, wenn erforderlich, die explizite Länge und den Inhalt des zu reservierenden Konstantenbereichs.

Es bedeuten:
- **d:** Wiederholungsfaktor, der angibt, wie oft die gleiche Konstante hintereinander gespeichert werden soll. Ohne diesen Faktor wird die Konstante nur einmal erzeugt.
- **t:** Hierdurch wird der Konstantentyp angegeben. Folgende Schlüssel werden in diesem Band vorgestellt:

Schlüssel	Typ
C	Zeichenkonstante
B	Binärkonstante
X	Sedezimalkonstante
P	Dezimalzahl (gepackt)
Y	Adreßkonstante (2 Bytes)

- **Ln:** n gibt die implizite Feldlänge in Bytes an. Fehlt die Feldlänge, so wird die Länge der Konstante als implizite Länge angenommen. Die maximale Feldlänge für C-, B- und X-Konstanten beträgt 256 Bytes, für P-Konstanten 16 Bytes.

'Konstante': Die Konstante selbst steht zwischen Hochkommata.

Beispiele:

```
CKON1    DC    C'ENDE'       ─▷ CKON1: C5 D5 C4 C5
CKON2    DC    2C'A7'        ─▷ CKON2: C1 F7 C1 F7
CKON3    DC    2CL3'A7'      ─▷ CKON3: C1 F7 40 C1 F7 40
```

Mit C-Konstanten können abdruckbare Zeichen dargestellt werden. Ist ein Längenfaktor angegeben, der eine größere oder kleinere Länge in Bytes definiert als die Konstante tatsächlich belegt, so wird sie rechts mit Zwischenräumen aufgefüllt, oder die letzten Zeichen werden vernachlässigt.

```
BKON1     DC    B'11100011'       ─▷ BKON 1:  E3
BKON2     DC    BL1'0011000000'   ─▷ BKON 2:  C0
```

Binärkonstanten werden zur Darstellung von beliebigen Binärmustern verwendet. Es werden die Binärziffern 0 und 1 benutzt. Wird durch einen Längenfaktor eine größere oder kleinere Länge definiert als die Konstante benötigt, so wird die Konstante links mit führenden Nullen aufgefüllt, oder die am weitesten links stehenden Ziffern gehen verloren.

```
XKON1     DC    X'4067A9'     ─▷ XKON 1:  40 67 A9
XKON2     DC    2XL2'AF'      ─▷ XKON 2:  00 AF 00 AF
XKON3     DC    XL1'0124'     ─▷ XKON 3:  24
```

X-Konstanten werden dann verwendet, wenn *nicht abdruckbare* Zeichen definiert werden sollen. Zur Darstellung werden die sedezimalen Ziffern 0–F verwendet. Jeweils zwei Ziffern werden zu einem Byte zusammengefaßt.
Wird durch einen Längenfaktor eine größere oder kleinere Länge definiert als die Konstante benötigt, so wird die Konstante links mit führenden Nullen aufgefüllt, oder die am weitesten links stehenden Ziffern gehen verloren.

```
PKON1     DC    P'15'         ─▷ PKON 1:  01 5C
PKON2     DC    P'+2.6'       ─▷ PKON 2:  02 6C
PKON3     DC    PL2'-3'       ─▷ PKON 3:  00 3D
```

P-Konstanten werden als Dezimalzahl mit oder ohne Vorzeichen angegeben. Ein Dezimalpunkt wird bei der Übersetzung nicht berücksichtigt. Jeweils zwei Dezimalziffern werden in 1 Byte umgesetzt. In das letzte Byte der Konstante werden die letzte Ziffer und das Vorzeichen gespeichert.
Wird durch einen Längenfaktor eine größere oder kleinere Länge definiert als die Konstante benötigt, so wird die Konstante links mit führenden Nullen aufgefüllt, oder die am weitesten links stehenden Ziffern gehen verloren.

YKON1	DC	Y(ENDE-ANF)
YKON2	DC	Y(*+20)
YKON3	DC	Y(240)

Eine Y-Konstante ist eine in eine Konstante umgesetzte Speicheradresse. Sie belegt 2 Bytes. Eine Y-Konstante wird nicht in Hochkommata sondern in Klammern angegeben. Die in Klammern stehenden Ausdrücke können relative (z. B. ENDE-ANF) oder absolute (z. B. 800) Ausdrücke sein.

6.3.7. Die END-Anweisung

Mit der Assembleranweisung END wird die Übersetzung eines Programms beendet.

Name	Operation	Operanden
	END	Startadresse des Programms

END muß immer die letzte Anweisung eines Primärprogramms sein. Im Operandenteil wird die Adresse angegeben, bei der das Programm nach dem Laden beginnen soll. Gewöhnlich ist dies die erste Befehlsadresse.

Beispiel:

Name	Operation	Operanden und Bemerkungen
PROGA	START	216
ANFANG	BALR	3,0
	USING	*,3
	END	ANFANG

6.3.8. Die EQU-Anweisung

Die EQU-Anweisung wird benutzt, um einem symbolischen Namen die Länge und den Wert eines Ausdrucks im Operandenfeld zuzuordnen.

Name	Operation	Operanden
Symb. Name oder leer	EQU	Ausdruck

Der Ausdruck im Operandenfeld kann absolut oder relativ sein. Alle im Operandenfeld verwendeten Namen müssen vorher definiert sein.

Dem Symbol im Namensfeld werden dieselben Eigenschaften zugewiesen, die der Ausdruck im Operandenfeld hat. Das Längenmerkmal des Namens ist das des Operanden. Wenn dieser Operand ein Stern (*) oder ein selbstdefinierender Wert ist, ist das Längenmerkmal 1.

Mit der EQU-Anweisung können also Registernummern, direkten Daten und beliebigen anderen Werten symbolische Namen zugewiesen werden.

Beispiele:

```
R5        EQU   5
```
Der symbolische Name R5 wird mit dem Wert 5 gleichgesetzt.

```
TEST      EQU   X'3F'
```
Der symbolische Name TEST wird mit dem Wert $3F_{(16)}$ gleichgesetzt.

```
A1        EQU   *
```
A1 wird mit dem Adreßpegelstand * gleichgesetzt.

6.4. Makroaufrufe

Makroaufrufe sind Aufrufe, die fertig codierte Befehlsfolgen in ein Programm einfügen, ähnlich wie bei einem Unterprogramm. Der Programmierer muß also nicht eine bestimmte Funktion, wie z. B. »Lesen von Datensätzen« Befehl für Befehl codieren. Er braucht nur die von ihm gewünschte Funktion in Form eines Makroaufrufs im Quellprogramm niederzuschreiben. Der Assembler holt den entsprechenden Makroaufruf bei der Übersetzung des Quellprogramms von einer Makrobibliothek und fügt ihn in das Programm ein. In modernen, dialogorientierten Betriebssystemen gibt es mindestens zwei Arten von Makroaufrufen. *Makroaufrufe des Ablaufteils* und *Makroaufrufe des Datenverwaltungssystems (DVS)*.

Bisher haben wir kennengelernt:

	DVS-Makros	Ablaufteilmakros
Lesen Satz	GET	RDATA
Ausgeben Satz	PUT	WRLST
Programmende		TERM

Der Ablaufteilmakro WROUT ist ähnlich wie WRLST, nur daß WROUT Sätze nach der logischen Systemdatei SYSOUT ausgibt. SYSOUT ist im Dialogbetrieb immer die Datensichtstation. Dialogbetrieb bedeutet, daß ein Programm von einer Datensichtstation aus geladen und gestartet wird. Bis einschließlich Teil III dieses Lernprogramms werden alle Ein-/Ausgabeoperationen mit Makroaufrufen des Ablaufteils durchgeführt. DVS-Makros werden zusammenhängend in Teil IV erläutert.

6.4.1. Lesen eines Satzes, GET

Mit diesem Makroaufruf wird der nächstfolgende Satz einer Eingabedatei im Eingabebereich zur Bearbeitung verfügbar.

Name	Operation	Operanden
Symb. Name oder leer	GET	Dateiname

Im Namensfeld des Makroaufrufes kann eine symbolische Adresse stehen.

Im Operandenfeld wird der Name des entsprechenden Dateisteuerblocks angegeben.

Wird während der Ausführung des GET-Makros das Dateiende erkannt, so wird automatisch zum EXLST-Ausgang EOFADDR verzweigt.

6.4.2. Ausgeben eines Satzes, PUT

Mit PUT werden Sätze ausgegeben, die in einem Ausgabebereich aufgebaut wurden.

Name	Operation	Operanden
Symb. Name oder leer	PUT	Dateiname

Im Namensfeld des Makroaufrufes kann eine symbolische Adresse stehen. Im Operandenfeld wird der Name des entsprechenden Dateisteuerblocks angegeben.

6.4.3. Programmende, TERM

Mit diesem Makroaufruf wird dem Betriebssystem das Ende des Programms mitgeteilt.

Name	Operation	Operanden
Symb. Name oder leer	TERM	

Im Namensfeld kann der Makroaufruf mit einer symbolischen Adresse versehen werden.

6.4.4. Lesen von SYSDTA, RDATA

Mit dem Makroaufruf RDATA wird der nächste logische Satz von der Systemdatei SYSDTA gelesen.

Form von RDATA:

Name	Operation	Operanden
[Symb.] [Name]	RDATA	Einb, Fehler [,Länge]

Einb gibt die symbolische Adresse des Eingabebereiches an, in den der Makroaufruf die gelesenen Daten überträgt.

Fehler gibt eine symbolische Adresse an, zu der verzweigt wird, wenn eine besondere Bedingung oder ein Fehler bei der Ausführung des Makros auftritt. Dies kann sein:
- Dateiende (letzter Satz in der Datei ist bereits gelesen).
- Abschneiden eines zu langen Satzes (der zu lesende Satz ist größer als im Makroaufruf im Längenoperand angegeben ist).

Länge gibt die maximale Länge des zu lesenden Satzes an. Fehlt dieser Operand, so gilt die implizite Länge des Eingabebereiches.

Der Satz wird immer linksbündig in den Eingabebereich übertragen. Ist der gelesene Satz kürzer als der Eingabebereich, so bleibt der Rest des Eingabebereichs unverändert.

Der Makroaufruf RDATA liest Dateien mit Sätzen fester Länge (alle Sätze sind gleich lang) und Dateien mit Sätzen variabler Länge (die Sätze sind unterschiedlich lang).

RDATA liefert allerdings *immer* Sätze variabler Länge im Eingabebereich ab.

Satzaufbau von Sätzen variabler Länge:

Satz		
Satzlängenfeld		Satzinhalt (n Bytes)
2 Bytes	2 Bytes	
Länge	reserv.	

Ein Satz variabler Länge besteht aus dem Satzlängenfeld und dem eigentlichen Satzinhalt. In den ersten beiden Bytes steht die Satzlänge (einschließlich der 4 Bytes des Satzlängenfeldes) als Festpunktzahl. Byte 3 und Byte 4 des Satzlängenfeldes sind reserviert.

6.4.5. Übertragen nach SYSLST, WRLST

Mit dem Makroaufruf WRLST wird ein Satz nach der logischen Systemdatei SYSLST übertragen. SYSLST ist standardmäßig dem Drucker zugeordnet.

Form von WRLST:

Name	Operation	Operanden
[Symb. Name]	WRLST	Ausb, Fehler

Ausb ist die symbolische Adresse des Ausgabebereiches, aus dem der Satz zu übertragen ist.

Fehler ist eine symbolische Adresse, zu der verzweigt wird, wenn eine besondere Bedingung oder ein Fehler bei der Makroausführung auftritt.

Die Länge eines mit WRLST auszugebenden Satzes wird nicht im Makroaufruf, sondern im Satz selbst angegeben. Ebenso muß auch die Steuerung des Druckers im Satz angegeben werden.

Satzaufbau für Sätze die mit WRLST ausgegeben werden:

Satz				
Satzlängenfeld		STB	Satzinhalt (n Bytes)	
2 Bytes	2 Bytes			
Länge	reserv.			

Die ersten 4 Bytes des Ausgabesatzes enthalten das Satzlängenfeld. In die ersten 2 Bytes dieses Satzlängenfeldes wiederum ist die gewünschte Länge des auszugebenden Satzes (= Länge des Satzinhalts + 4 Bytes Satzlängenfeld + 1 Byte für die Druckersteuerung) einzutragen.
In das 5. Byte (Steuerbyte) des Ausgabesatzes ist das gewünschte Druckervorschubzeichen einzutragen. Die eigentliche Satzlänge ist also immer um 5 Bytes (Verwaltungsdaten) zu erhöhen. Der Makro WRLST überträgt aber nur den eigentlichen Satzinhalt. Also ab der Adresse Ausb + 5.

6.4.6. Übertragen nach SYSOUT, WROUT

Mit dem Makroaufruf WROUT wird ein Satz nach der logischen Systemdatei SYSOUT übertragen. SYSOUT ist im Dialogbetrieb immer die Datensichtstation, von der das Programm geladen und gestartet wird. Für WROUT gelten die gleichen Regeln und Formalismen wie für WRLST. Im Dialogbetrieb wird jedoch der Inhalt des Steuerbyte ignoriert.

6.5. Druckervorschubzeichen

Bei Ausgabe von Sätzen nach SYSLST muß die Information über die Druckersteuerung vom Benutzer angegeben werden. In der Regel wird dies im Steuerbyte eingetragen. Das Steuerbyte ist im Ausgabesatz unmittelbar vor den auszugebenden Daten zu definieren. Da Druckersteuerzeichen normalerweise nicht abdruckbare Binärmuster sind, wird das Steuerbyte mit X-Konstanten versorgt (X-Konstanten siehe Anhang Seite A48).

Druckervorschubzeichen:

X'4n' = **Vor** dem Drucken wird um **n** Zeilen vorgeschoben
(n = 0 bis F)

X'0n' = **Nach** dem Drucken wird um **n** Zeilen vorgeschoben
(n = 0 bis F)
n = 0 bedeutet – Kein Vorschub –

Die o. g. Druckersteuerzeichen gelten immer, auch wenn der Drucker **nicht** durch einen Lochstreifen gesteuert wird. Wird der Drucker durch einen Lochstreifen gesteuert (Normalfall), so können zusätzlich die Kanäle des Lochstreifens angesprungen werden.

Dann bedeuten:

X'Cn' = **Vor** dem Drucken Sprung zu Kanal **n**
(n = 1 bis 8, A, B)

X'8n' = **Nach** dem Drucken Sprung zu Kanal **n**
(n = 1 bis 8, A, B)

X'C1' = Beginn einer neuen Seite.

Standardmäßig wird das Papier immer um eine Zeile nach dem Drucken bei jedem Druckvorgang vorgeschoben. Dies bleibt auch erhalten, wenn der Benutzer das Steuerbyte mit einem Vorschub vor dem Drucken versorgt. Der Code X'41' bewirkt also »Vorschub um 1 Zeile vor dem Drucken« und zusätzlich 1 Zeile nach dem Drucken. Nur der Code X'00' unterdrückt den Standardvorschub.

6.6. EBCDI-Code-Tabelle

(Extended Binary Coded Decimal Interchange-Code)

EBCDIC	Sedez. Verschl.	Schnelldrucker Zeichen	Erklärung
1100 0001	C1	A	
1100 0010	C2	B	
1100 0011	C3	C	
1100 0100	C4	D	
1100 0101	C5	E	
1100 0110	C6	F	
1100 0111	C7	G	
1100 1000	C8	H	
1100 1001	C9	I	
1101 0001	D1	J	
1101 0010	D2	K	
1101 0011	D3	L	
1101 0100	D4	M	
1101 0101	D5	N	
1101 0110	D6	O	
1101 0111	D7	P	
1101 1000	D8	Q	
1101 1001	D9	R	
1110 0010	E2	S	
1110 0011	E3	T	
1110 0100	E4	U	
1110 0101	E5	V	
1110 0110	E6	W	
1110 0111	E7	X	
1110 1000	E8	Y	
1110 1001	E9	Z	
1111 0000	F0	0	
1111 0001	F1	1	
1111 0010	F2	2	
1111 0011	F3	3	
1111 0100	F4	4	
1111 0101	F5	5	
1111 0110	F6	6	
1111 0111	F7	7	
1111 1000	F8	8	
1111 1001	F9	9	
0100 0000	40	Blank	Zwischenraum
0100 1010	4A	¢	Centzeichen
0100 1011	4B	.	Punkt
0100 1100	4C	<	Kleiner als
0100 1101	4D	(	Klammer auf
0100 1110	4E	+	Plus
0100 1111	4F	|	Senkrechter Strich
0101 0000	50	&	Und

EBCDIC	Sedez. Verschl.	Schnelldrucker Zeichen	Erklärung
0101 1010	5A	!	Ausrufungszeichen
0101 1011	5B	$	Dollarzeichen
0101 1100	5C	*	Stern
0101 1101	5D	)	Klammer zu
0101 1110	5E	;	Semikolon
0101 1111	5F	¬	Nicht
0110 0000	60	-	Minus
0110 0001	61	/	Schrägstrich
0110 1010	6A	∧	Logisch und
0110 1011	6B	,	Komma
0110 1100	6C	%	Prozent
0110 1101	6D	—	Unterstreichung
0110 1110	6E	>	Größer als
0110 1111	6F	?	Fragezeichen
0111 1010	7A	:	Doppelpunkt
0111 1011	7B	#	Nummer
0111 1100	7C	@	a
0111 1101	7D	'	Apostroph
0111 1110	7E	=	Gleichheitszeichen
0111 1111	7F	"	Anführungszeichen
1111 1111	FF	◇	Raute

6.7. Rechnerinterne Datendarstellung

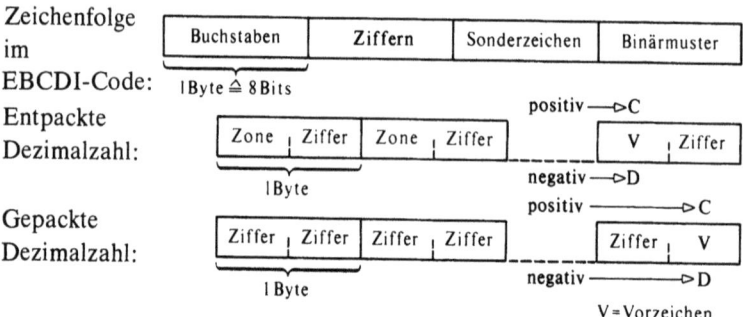

Bei den gepackten Datenformaten werden außer den bezeichneten Vorzeichen (C und D) noch A, F, E als positive und B als negatives Vorzeichen interpretiert. In diesem Lernprogramm beschränken wir uns auf die Vorzeichen C und D.

6.8. Umwandlungstabelle Sedezimal – Dezimal

Zweite Ziffer

Erste Ziffer	0	1	2	3	4	5	6	7	8	9	A	B	C	D	E	F
0	000 00000	001 00256	002 00512	003 00768	004 01024	005 01280	006 01536	007 01792	008 02048	009 02304	010 02560	011 02816	012 03072	013 03328	014 03584	015 03840
1	016 04096	017 04352	018 04608	019 04864	020 05120	021 05376	022 05632	023 05888	024 06144	025 06400	026 06656	027 06912	028 07168	029 07424	030 07680	031 07936
2	032 08192	033 08448	034 08704	035 08960	036 09216	037 09472	038 09728	039 09984	040 10240	041 10496	042 10752	043 11008	044 11264	045 11520	046 11776	047 12032
3	048 12288	049 12544	050 12800	051 13056	052 13312	053 13568	054 13824	055 14080	056 14336	057 14592	058 14848	059 15104	060 15360	061 15616	062 15872	063 16128
4	064 16384	065 16640	066 16896	067 17152	068 17408	069 17664	070 17920	071 18176	072 18432	073 18688	074 18944	075 19200	076 19456	077 19712	078 19968	079 20224
5	080 20480	081 20736	082 20992	083 21248	084 21504	085 21760	086 22016	087 22272	088 22528	089 22784	090 23040	091 23296	092 23552	093 23808	094 24064	095 24320
6	096 24576	097 24832	098 25088	099 25344	100 25600	101 25856	102 26112	103 26368	104 26624	105 26880	106 27136	107 27392	108 27648	109 27904	110 28160	111 28416
7	112 28672	113 28928	114 29184	115 29440	116 29696	117<to>29952	118 30208	119 30464	120 30720	121 30976	122 31232	123 31488	124 31744	125 32000	126 32256	127 32512
8	128 32768	129 33024	130 33280	131 33536	132 33792	133 34048	134 34304	135 34560	136 34816	137 35072	138 35328	139 35584	140 35840	141 36096	142 36352	143 36608
9	144 36864	145 37120	146 37376	147 37632	148 37888	149 38144	150 38400	151 38656	152 38912	153 39168	154 39424	155 39680	156 39936	157 40192	158 40448	159 40704
A	160 40960	161 41216	162 41472	163 41728	164 41984	165 42240	166 42496	167 42752	168 43008	169 43264	170 43520	171 43776	172 44032	173 44288	174 44544	175 44800
B	176 45056	177 45312	178 45568	179 45824	180 46080	181 46336	182 46592	183 46848	184 47104	185 47360	186 47616	187 47872	188 48128	189 48384	190 48640	191 48896
C	192 49152	193 49408	194 49664	195 49920	196 50176	197 50432	198 50688	199 50944	200 51200	201 51456	202 51712	203 51968	204 52224	205 52480	206 52736	207 52992
D	208 53248	209 53504	210 53760	211 54016	212 54272	213 54528	214 54784	215 55040	216 55296	217 55552	218 55808	219 56064	220 56320	221 56576	222 56832	223 57088
E	224 57344	225 57600	226 57856	227 58112	228 58368	229 58624	230 58880	231 59136	232 59392	233 59648	234 59904	235 60160	236 60416	237 60672	238 60928	239 61184
F	240 61440	241 61696	242 61952	243 62208	244 62464	245 62720	246 62976	247 63232	248 63488	249 63744	250 64000	251 64256	252 64512	253 64768	254 65024	255 65280
	0	1	2	3	4	5	6	7	8	9	A	B	C	D	E	F

Beispiele:

A) Dezimalzahl 51966 in Sedezimalzahl

$$\begin{aligned}\text{In der Tabelle vorhandene nächstkleinere Zahl} &= 51712_{(10)} \triangleq CA_{(16)} \\ \text{Differenz: } 51966_{(10)} - 51712_{(10)} &= \underline{00254_{(10)} \triangleq 00\ FE_{(16)}} \\ & \ 51966_{(10)} \triangleq CAFE_{(16)}\end{aligned}$$

B) Sedezimalzahl AFFE in Dezimalzahl

$$\begin{aligned} AF\ 00_{(16)} &\triangleq 44800_{(10)} \\ \underline{00\ FE_{(16)} \triangleq 00254_{(10)}} \\ AFFE_{(16)} &\triangleq 45054_{(10)} \end{aligned}$$

6.9. Logische Systemdateien

Die u. g. Systemdateien sind im Siemens Betriebssystem BS2000 vorhanden. In anderen Betriebssystemen sind gleiche oder ähnliche Systemdateien vorhanden.

Als Systemdateien werden in einem Prozeß standardisierte, vom System vorgegebene Eingabequellen oder Ausgabeziele bezeichnet. Sie werden vom System selbst verwendet, um Ein-/Ausgaben durchzuführen und sind auch Benutzerprogrammen über Makroaufrufe zugänglich. Der Benutzer kann die vorgegebene Standardzuweisung mit Hilfe bestimmter Systemkommandos verändern.

Log. Systemdatei	Standardzuordnung	Verwendung
SYSCMD	Die Datensichtstation von der das /LOGON-Kommando kommt.	Von SYSCMD werden die Kommandos erwartet, die der Benutzer gibt, um seinen Prozeßlauf zu steuern
SYSDTA	wie bei SYSCMD	SYSDTA dient zur Eingabe von Daten für Benutzerprogramme
SYSLST	Drucker	SYSLST dient zur Ausgabe von Datenmengen
SYSOPT	LK-Stanzer	SYSOPT dient zur Ausgabe von Daten im Lochkartenformat
SYSOUT	Datensichtstation	Ausgabe von Daten durch das Betriebssystem und den Benutzer

6.10. Symbole für Programmabläufe nach DIN 66001 – Symbole für Struktogramme

Symbole und Beispiele nach DIN 66001

Struktogrammelemente

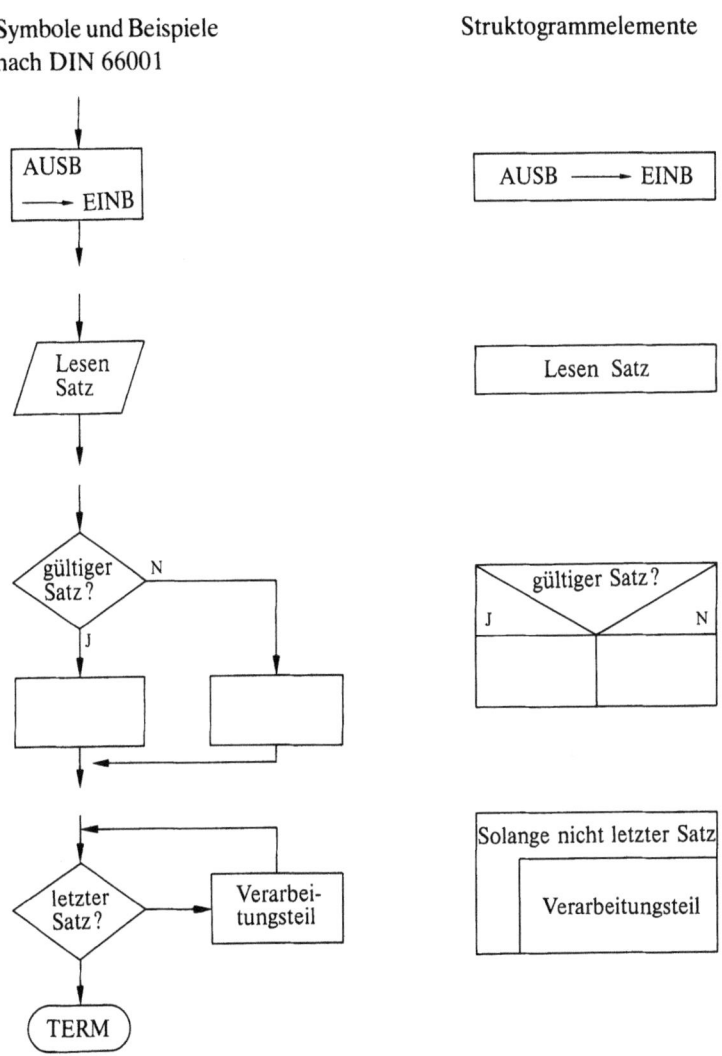

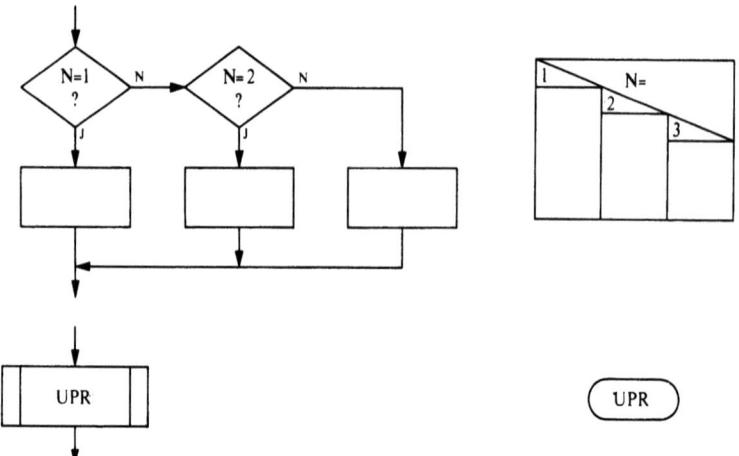

A62

Sachverzeichnis

Ablaufteil 16f.
Ablaufteilmakros 18ff., A51ff.
Absolute Adresse 2ff.
Addieren Dezimal 45ff., A33
Addition 45ff.
Adreß
- buch 7ff.
- konstante 24f., A47ff.
- pegel 8, 84f., A42, A46
Anzeige 34ff., A29f., A33ff., A39, A41
AP-Befehl 45f., A33
Assembler
- anweisung 14, A23, A42
- protokoll 14, 80ff., A24, A43
- sprache A23
- Übersetzer A23
Assemblierung 76
Ausgabe 14ff.
- bereich 23f., A54

BAL-Befehl 37ff., A37
BALR-Befehl 5f., A38
Basisadresse 2ff., A44
Basisadreßregister 3ff., A44
BC-Befehl 35ff., A39
BCR-Befehl 37ff., A41
BE-Befehl 37, A40
Befehl 1, 14, A23, A25ff.
Befehls
- format 1ff., 30, 33, 35, 44, 46, A25
- liste 29
- vorrat 29
Bemerkungen 14, A23
Betriebssystem 5, 14ff.
Binärkonstante 32, A47
Binärmuster A47
B-Konstante 32f., A47

C-Konstante A47f.
CLC-Befehl 33f., A29
CLI-Befehl 33f., A30
Code s. EBCDI-Code
Compiler A24

Datendarstellung A58
Dateibehandlung 14ff.
DC-Anweisung 32f., A47f.
Definieren Speicherbereich A45f.
Dezimal
- arithmetik 42ff.
- konstante A47f.
- punkt 48, A48
- zahl A58f.
Direktoperand 30ff., A25, A27, A30
Distanzadresse 2ff.
Division 55ff.
Doppelwort A45f.
DP-Befehl 55ff., A36
Druckervorschubzeichen 23f., A55
DS-Anweisung A45f.
Dualzahlen 32, A47
DVS 16f.
- Makros A51ff.

EBCDI-Code A56
Ein-/Ausgabe 14ff., A51ff.
- bereich 19f., A53
END-Anweisung A49
Entpacken 53ff., A32
Entpacktes Datenformat 42ff., 53, A58
EQU-Anweisung 25, A50
Explizite Adreßangabe 1
Explizite Länge 31f.

Feld
- art A45
- länge A45ff.
Folgeadresse 6ff., A37f.
Formularvorschub 23f., A55

Gepacktes Datenformat 40ff., 45, 51, A58
GET 14, A51

Halbbyte 54, A28
Halbwort A45f.
Hochkomma A43

149

Implizite
- Adreßangabe 1
- Länge 31, 34
Indexregister 35
Interne Datendarstellung A58

Konstanten
- typ 25, 32 f., A47 f.
- länge A47 f.

Laden von Registern 5 ff., A37 f.
Ladewert 9, A44
Längenfaktor A47 ff.
Längenmerkmal 31, 34
Lesen Satz 19 ff., A51, A53
Logische Systemdateien 17, A60

Makro
- aufrufe 14 ff., A23, A51 ff.
- auflösung 7
Maschinenbefehl 14, 29, A23
- format s. Befehlsformat
- sprache 8 ff., A23
Maske s. Sprungmaske
Mehrzweckregister 2 ff., 12, A25
MP-Befehl 45 ff., A35
Multiplikation 45 ff.
MVC-Befehl 29 f., A26
MVI-Befehl 30 f., A27
MVZ-Befehl 54, A28

Nicht abdruckbare Zeichen A48
NOGEN 84, A43
Nulloperation (NOP) A39, A41

Objektmodul (programm) A24
Operand A25

PACK-Befehl 42 ff., A31
P-Konstante 47 ff., A47 f.
Primärprogramm s. Quellprogramm
PRINT-Anweisung 84, A43
Problemorientierte Programmiersprache A24
Programm
- ablaufplan 63 ff., 77 f., A61 f.
- anfang 8, A42
- ende A52
- lauf 76
- name A42
- raum 5 ff.

- verzweigung 35 ff.
Pseudosprungbefehle 37, A40
PUT A52

Quellprogramm 5, 8, 14, A23, A49
Quotient 55 ff., A36

RDATA 19 ff., A53
Rechenwerk 42
Redefinition A46
Register-indizierte Speicheradresse, s. RX-Format
Register-Register, s. RR-Format
Register-Speicher, s. RS-Format
Relative Adressierung 1 ff., 8 ff.
Relativierung 4, 7 ff.
Rest nach Division 55 ff., A36
RR-Format 6, A25
RS-Format A25
Rücksprung 39 ff., A37 f.
- adresse 40
Runden 60, 72
RX-Format 35, A25

Sätze variabler Länge 19 f., A53
Satzlängenfeld 19 f., 23 f., A53
Sedezimales Zahlensystem A59
Sedezimalkonstante 32 f., A47 f.
SI-Format 30, 33, A25
SP-Befehl 55, A34
Sprung
- adresse 35 ff., A39 ff.
- bedingung 36
- befehl 35 ff.
- befehl für Unterprogramme 37 f.
- maske 35 ff., A39 ff.
SS-Format 44 ff., A25
START-Anweisung 8, 13, 84, A42
Sternadressen 12
Steuerbyte 24 ff., A54
Struktogramm 63 ff., 78 ff., A61
Subtraktion 55
Systemdateien 17, A60

TERM A52
TITLE-Anweisung 84, A43
Übersetzung 7 ff., A23 ff., A42, A48, A49
- sprotokoll 14, 80 ff., A24, A43
UNPK-Befehl 53 f., A32
Unterprogramm 37 ff.

USING-Anweisung 7ff., A44

Variable Sätze 19f., A53
Vergleichsbefehle 33f.
Verzweigung 6, A37f.
Vorzeichen 42, 45, 53ff., A31ff., A48, A58

Wiederholungsfaktor A45ff.
Wort A45f.

WRLST 23ff., A54
WROUT A54

X-Konstante 32f., A47f.

Y-Konstante 25, A47f.

Zentraleinheit 14, 29, 76
Ziffernteil 42, A31f., A58
Zonenteil 42, A31f., A58

MIX
Papier aus verantwortungsvollen Quellen
Paper from responsible sources
FSC® C105338

If you have any concerns about our products,
you can contact us on
ProductSafety@springernature.com

In case Publisher is established outside the EU,
the EU authorized representative is:
**Springer Nature Customer Service Center GmbH
Europaplatz 3, 69115 Heidelberg, Germany**

Printed by Libri Plureos GmbH
in Hamburg, Germany